PÊL-DROEDWYR

GORAU CYMRU

Gweld Sêr

PÊL-DROEDWYR GORAU CYMRU

Ian Gwyn Hughes

Gomer

Cyhoeddwyd yn 2007 gan
Wasg Gomer, Llandysul, Ceredigion SA44 4JL

ISBN 978 1 84323 889 8

Hawlfraint ⓗ Ian Gwyn Hughes 2007

Mae Ian Gwyn Hughes wedi datgan ei hawl dan
Ddeddf Hawlfreintiau, Dyluniadau a Phatentau 1988
i gael ei gydnabod fel awdur y llyfr hwn.

Cedwir pob hawl. Ni chaniateir atgynhyrchu unrhyw ran o'r
cyhoeddiad hwn, na'i gadw mewn cyfundrefn adferadwy, na'i
drosglwyddo mewn unrhyw ddull na thrwy unrhyw gyfrwng,
electronig, electrostatig, tâp magnetig, mecanyddol, ffotogopïo,
recordio, nac fel arall, heb ganiatâd ymlaen llaw gan y cyhoeddwyr.

Dymuna'r cyhoeddwyr gydnabod cymorth
Cyngor Llyfrau Cymru.

Argraffwyd a rhwymwyd yng Nghymru gan
Wasg Gomer, Llandysul, Ceredigion.

Cynnwys

RHAGYMADRODD

Digwydd bod yn stiwdio deledu Tinopolis yn Llanelli un prynhawn yn ystod Cwpan y Byd 2006 yr oeddwn i. Dyna pryd y des i ar draws y gyfrol *Cewri'r Bêl-droed yng Nghymru* gan yr Athro Geraint Jenkins. Roeddwn i wedi darllen y gwaith pan gyhoeddwyd o yn wreiddiol ac roeddwn i'n adnabod Geraint Jenkins gan ei fod o wedi bod yn ddarlithydd ar Hanes Cymru i mi yn Aberystwyth, ac i mi unwaith chwarae yn yr un tîm pêl-droed ag o ym Mhontrhydfendigaid.

Cynigiwyd y syniad i mi lunio dilyniant i'r gyfrol, gan fynd ati i ysgrifennu pwt am y chwararewyr gorau dros y deugain mlynedd diwethaf, o gyfnod John Charles hyd heddiw, cyfnod Ryan Giggs sydd newydd ddod i ben.

Yr un ydy'r gêm, wrth gwrs – cicio pêl rhwng dwy gôl. Ond, sôn am newid! Roedd yna raglen yn ddiweddar ar y teledu, *How television changed the face of football for ever* – ac yn wir, mae'r newid wedi bod yn rhyfeddol.

Yn nyddiau Charles y perchenogion oedd bia'r gêm. Roedd miloedd yn heidio i'r meysydd ond bach iawn oedd yr arian fyddai'r chwaraewyr yn ei gael. Cymharwch â heddiw yn yr Uwch Gynghrair lle mae yna unigolion digon cyffredin o ran talent yn gallu hawlio £50,000 yr wythnos, a'r goreuon, wrth gwrs, yn ennill £150,000 yr wythnos. A hynny heb sôn am arian gan noddwyr ac yn y blaen. Mae o'n hurt bost!

Sut oedd mynd ati, felly, i ddewis y chwaraewyr gorau i chwarae dros Gymru, yn enwedig o ystyried nad yw Cymru wedi cyrraedd rowndiau terfynol unrhyw gystadleuaeth ers Cwpan y Byd yn Sweden yn 1958? Do, fe gyrhaeddwyd rownd wyth olaf Pencampwriaethau Ewrop yn 1976 ond llwm iawn yw hi wedi bod ers hynny – tra bod gwlad fach fel Gogledd Iwerddon wedi llwyddo ddwywaith, a'r Weriniaeth hyd yn oed fwy na hynny.

A dyma i chi gyfnod pan mae chwaraewyr fel Neville Southall, Ian Rush, Mark Hughes, Kevin Ratcliffe a Ryan Giggs wedi gwisgo'r crys coch.

Ychwanegwch chwaraewyr o safon Mark Bowen, Barry Horne, David Phillips, Robbie Savage, John Mahoney, Brian Flynn ac yn y blaen, ac mae'r peth yn anhygoel!

Yn y deugain mlynedd diwethaf mae'r tîm wedi dod o fewn trwch blewyn sawl tro i gyrraedd rowndiau terfynol o dan Mike Smith, Mike England, Terry Yorath a Mark Hughes. Boddi wrth y lan fu'r hanes bob tro. Anlwc? Ie, weithiau, ond dro arall camgymeriad tactegol neu wrth ddewis y tîm fu'n gyfrifol.

Mae yna nosweithiau bythgofiadwy wedi bod. Curo Awstria o flaen torf o 30,000 ar y Cae Ras yn Wrecsam a sicrhau gêm yn erbyn Iwgoslafia yn rownd wyth olaf Pencampwriaethau Ewrop yn 1976; curo Lloegr 4-1 yng ngêm gyntaf Mike England fel rheolwr, eto yn Wrecsam, yn 1980; curo Sbaen 3-0 yn 1985; curo'r Almaen pan oedden nhw'n bencampwyr y byd gyda gôl gan Ian Rush yn 1991, a churo'r Eidal yn Stadiwm y Mileniwm 2-1 yn 2002. A beth am y gêm gyntaf yn y stadiwm honno? Bron 70,000 yno i wylio'r Ffindir, o bawb.

Ond mae yna siomedigaethau di-ri wedi bod hefyd – Romania gartref ac oddi cartref, Moldova, Georgia, Twrci, a cholli 7-1 yn erbyn yr Iseldiroedd yn Eindhoven pan oedd Bobby Gould yn rheolwr er bod Neville Southall yn wych yn y gôl. Colli ddwywaith yn erbyn yr Alban, yn Anfield yn 1977 ac yna ar Barc Ninian yn 1985; a'r gêm ail-gyfle gartref yn erbyn Rwsia, yn colli 1-0 wedi perfformiad gwych ym Moscow yn y cymal cyntaf.

Ac mae yna drasiedïau go iawn wedi digwydd yn y cyfnod hwn. Dyna i chi farwolaeth Jock Stein, rheolwr yr Alban, gyda'i wlad o fewn dau funud i gael gêm gyfartal yn erbyn Cymru yn 1985, a diwedd y gêm yn erbyn Romania yn 1993 a chefnogwr yn cael ei ladd gan fflêr a daniwyd yn syth wedi i'r gêm orffen. Popeth, felly, yn cael ei roi yn ei gyd-destun.

Fel y dywedodd un aelod blaenllaw o Gymdeithas Bêl-droed Cymru wrtha i, 'Dan ni byth yn ennill dim byd, ond dyw bywyd yn dilyn pêl-droed Cymru byth yn ddiflas.'

Wel, beth am fy newis i o sêr y cyfnod diweddaraf? Dw i'n siŵr y bydd llawer yn anghytuno â'r dewis. Ond fe alla i roi dadl gref gerbron – dw i wedi gweld pob un o'r rhain yn chwarae –

pob un ond John Charles, ac fe ges i'r fraint o'i gyfarfod yntau, hefyd, a gweld mawredd ei bresenoldeb a'i gymeriad. Mae llawer o'r chwaraewyr hyn wedi bod yn cydweithio â mi fel sylwebyddion ac mae sawl un ohonyn nhw bellach yn ffrindiau da. Mae rhai o'r sêr wedi disgleirio ac yn amlwg yn haeddu bod yma. Mae cynnwys rhai o'r lleill yn fwy dadleuol, er enghraifft, Joey Jones. Dw i'n cydnabod, ac mi fyddai Joey ei hun yn cyfaddef, nad y fo ydy'r amddiffynnwr gorau i chwarae dros ei wlad ond, heb os, y fo ydy'r cymeriad mwyaf.

Dw i'n siŵr mai dyna oedd y dasg a wynebodd yr Athro Geraint Jenkins yn y saith degau, sef penderfynu pwy fyddai'n cael ei gynnwys. Yr un oedd y broblem i mi.

Rywsut, y ffordd mae pêl-droed yn mynd ar hyn o bryd, gyda'r holl chwaraewyr tramor yn dod i mewn i'r gêm ym Mhrydain, dw i'n amau a fydd y gwaith mor anodd ymhen deugain mlynedd arall.

John Charles

Enw: William John Charles
Safle: Blaenwr/Amddiffynnwr

Dyddiad geni: Rhagfyr 27, 1931
Man geni: Abertawe
Dyddiad marw: Chwefror 21, 2004

Clybiau
    1948-57 Leeds
    1957-62 Juventus
    1962   Leeds United
    1962-63 Roma
    1963-66 Caerdydd
    1966-71 Henffordd
    1972-74 Merthyr

Cymru
    1950-65

Mi rydw i wedi bod yn hynod o ffodus dros ugain mlynedd o weithio gyda'r BBC yng Nghaerdydd fy mod wedi cael y cyfle i deithio'r byd gyda fy ngwaith, sylwebu ar gêmau pêl-droed a hefyd gyfarfod rhai o sêr mwya'r byd. Am dair blynedd, fel rhan o'r dyletswyddau, mi fues i'n ddigon ffodus i gael cyflwyno'r rhaglen BBC Wales Sports Personality yn Neuadd Dewi Sant yng Nghaerdydd. Mae'n noson fawr yng nghalendr y BBC ac mae'n gyfle i anrhydeddu'r sawl sydd wedi disgleirio ym myd y campau yn y deuddeng mis blaenorol. Mae un o'r gwobrau'n cael ei chyflwyno i ŵr neu wraig sydd wedi gwneud cyfraniad nodedig i chwaraeon yng Nghymru ar hyd y blynyddoedd. Ar un o'r nosweithiau hyn roeddwn i'n rhannu'r llwyfan gyda gŵr arbennig oedd yn cael ei law'n 'gawr', ac roeddwn i'n gwybod y noson honno fy mod ym mhresenoldeb mawredd.

Gadewch imi osod y cefndir ichi. Mae mawrion cenedl fel arfer yn cael eu hanrhydeddu ym mha faes bynnag y maen nhw'n disgleirio ynddo, pa un ai'n gerddoriaeth, llenyddiaeth, gwleidyddiaeth neu chwaraeon. Yma yng Nghymru, os ewch i ganolfan siopa Dewi Sant yng Nghaerdydd, mae yna gerflun o Gareth Edwards; yn Anfield mae The Shankly Gates i goffáu'r Albanwr Bill Shankly sydd yn gyfrifol am statws Lerpwl o fewn y gêm fodern. Yn Old Trafford mae Busby Way sydd yn coffáu Syr Matt Busby, y gŵr y tu ôl i lwyddiant Manchester United. Am ryw reswm, o ran pêl-droed, mae hi wedi bod yn wahanol yng Nghymru. Tan yn ddiweddar mi oedd Cwpan Lloegr yn cael ei weld fel y gystadleuaeth cwpan orau yn y byd. Fe enillodd Caerdydd y gystadleuaeth yn 1927, gan guro Arsenal yn Wembley. Ble mae'r coffâd i hynny? Ble mae'r gydnabyddiaeth i'r tîm ar capten lleol, Fred Keenor?

A phe bai gwlad yn meddu ar bêl-droediwr oedd, yn ei ddydd, yn cael ei gydnabod nid yn unig fel y blaenwr gorau yn y byd ond hefyd yr amddiffynnwr gorau yn y byd, yna mi fyddai dyn yn disgwyl rhyw fath o gydnabyddiaeth i hynny. Wel, mae'n warth ar Gymru fod yn rhaid i John Charles fod wedi aros cyhyd cyn derbyn y gydnabyddiaeth honno.

Fe frwydrodd unigolion dros yr achos. Yr Athro Geraint

12

Jenkins, awdur y gyfrol *Cewri'r Bêl-droed yng Nghymru* oedd un a wnaeth waith gwych er mwyn denu sylw at y diffyg cydnabyddiaeth i gyfraniad John Charles. Dw i'n cofio pan aeth camerâu y BBC i glwb pêl-droed Aberystwyth, ar ddau achlysur, ar gyfer gêmau'r Cwpan Cenedlaethol; fe wahoddwyd 'y cawr' yno fel gŵr gwadd i'w gyflwyno i'r dorf cyn y gêm, ac fe dyfodd cysylltiad agos rhyngddo a chlwb Aber. Gyda John Charles yn agosáu at ei saith deg, cynhyrchwyd rhaglen deledu amdano gan y BBC yng Nghymru o dan gyfarwyddyd Geraint Rowlands. Un a holwyd oedd y darlledwr Michael Parkinson, a ddywedodd ei bod hi'n anghredadwy bod yna fwy o sylw i John Charles yn Leeds ac yn yr Eidal nag oedd yng Nghymru.

Ond nôl â ni at y noson yn Neuadd Dewi Sant. Mae'n anodd credu, ond doedd Charles erioed wedi ennill y wobr *BBC Wales Sports Personality*, ond y noson arbennig yma roedd o i'w anrhydeddu am ei gyfraniad i bêl-droed a chwaraeon yng Nghymru – *The Lifetime Achievement Award*. Ar y noson roedd dros ddwy fil o bobl yn y gynulleidfa a'r eiliad fawr oedd cyhoeddi bod John Charles i dderbyn yr anrhydedd.

Bois bach, dyna i chi emosiwn! Cerddoriaeth yn atseinio a'r cawr yn cerdded yn araf tuag at y llwyfan. Pawb ar eu traed yn bloeddio a chymeradwyo; llawer mewn dagrau, a minnau'n meddwl be yn y byd roeddwn i am ei ddweud pan fyddai'r neuadd yn tawelu. Roedd y gymeradwyaeth yn fyddarol ac fe barhaodd am gryn amser. Dyna ichi'r eiliad fwyaf emosiynol imi erioed ei phrofi wrth ddarlledu. Fe dderbyniodd y tlws gan ei frodyr, oedd yn rhannu'r llwyfan ag o. Noson anhygoel. Ac er nad oeddwn i erioed wedi ei weld yn chwarae yn y cnawd mi roeddwn i, y noson honno, yn gwybod fy mod yn rhannu llwyfan gydag un o wir gewri'r gamp. O'r diwedd roedd John Charles yn derbyn y gydnabyddiaeth roedd o'n ei haeddu.

Achlysur bythgofiadwy arall oedd noson y gêm fawr yn erbyn yr Eidal yn Stadiwm y Mileniwm yng Nghaerdydd, y noson y llwyddodd Cymru i guro'r Eidal 2-1. Cyn y gêm roedd yr awyrgylch yn drydanol; y Manic Street Preachers yn perfformio, ac fe ganwyd yr anthem gan Bryn Terfel – ond, cyn hynny,

cyflwynwyd Charles i 70,000 o Gymry ac Eidalwyr. Unwaith eto, roedd y croeso'n fyddarol wrth iddo gamu i ganol y maes, yn amlwg dan deimlad.

Does ond gobeithio bod John Charles yn sylweddoli, cyn iddo farw, fod Cymru o'r diwedd yn ei werthfawrogi.

Beth am fawredd John Charles fel chwaraewr, felly? Mae'n anodd i lawer heddiw werthfawrogi ei ddawn. Prin iawn yw'r lluniau ohono'n chwarae naill ai i glwb fel Juventus neu dros Gymru. Heddiw, wrth gwrs, mae modd cefnogi clwb fel Manchester United, Lerpwl, Arsenal, Chelsea, Milan, Juventus, Barcelona a'r clybiau mawr i gyd heb gamu i mewn i unrhyw stadiwm. Hawdd fyddai i rywun ddatgan iddo weld pob gêm yn Old Trafford mewn tymor – a heb fod o fewn can milltir i Fanceinion!

Nid felly yr oedd hi yn nyddiau John Charles, felly mae'n rhaid dibynnu ar dystiolaeth y sawl a'i gwelodd yn chwarae. A does dim dwywaith beth yw eu barn nhw! Ac yn wir, mae'n debyg mai arwydd o'i fawredd o yw'r ffaith bod modd mynd i'r Eidal heddiw a sôn am John Charles ac mae pawb yn gwybod am Gymru, a hynny bron i ddeugain mlynedd ers iddo chwarae yn Turin.

O ran sgorio goliau, mae'n rhaid cofio ei bod hi'n anoddach yn yr Eidal nag yn unrhyw wlad arall. Yn yr Eidal yn y chwe degau yr amlygwyd y dacteg o amddiffyn cryf di-ildio, o dan hyfforddwyr fel Herrera. Ond pan oedd Charles ar ei orau, ac yn chwarae dros Juventus, fe enillodd y clwb bencampwriaeth *Serie A* deirgwaith a chwpan yr Eidal ddwywaith. Rhwng 1957 a 1962 fe sgoriodd Charles 93 o goliau mewn cant a hanner o gêmau, a hynny er ei fod yn cael ei ddewis fel amddiffynnwr yn ogystal â blaenwr!

Yn ystod y cyfnod hwn gofynnid yn aml pwy oedd y blaenwr gorau. Yr ateb – John Charles. Pwy, felly, oedd yr amddiffynnwr gorau? Yr ateb unwaith eto – John Charles! Ac roedd hyn mewn cyfnod pan oedd yn cael ei farcio'n dynn a'i gicio'n ddidrugaredd

Yr amddiffynnwr gorau – a'r blaenwr gorau! Ond roedd Cymru yn hwyr iawn yn cydnabod ei fawredd.

gan amddiffynwyr cryf a chaled a di-ildio. Ac eto i gyd, ei lysenw oedd 'y cawr addfwyn', gan nad oedd o byth yn talu'r pwyth yn ôl.

Wrth gwrs, roedd John Charles yn rhan o dîm Cymru a gyrhaeddodd rowndiau terfynol Cwpan y Byd yn Sweden yn 1958, yr unig dro i Gymru lwyddo i wneud hynny. Doedd dim yn hawdd ynglŷn â hynny chwaith. Trwy'r drws cefn y cyrhaeddodd Cymru y rowndiau terfynol ond, unwaith yno, fe wnaethon nhw gryn argraff. Llwyddodd Cymru i gyrraedd rownd yr wyth olaf ac roedd y gêm honno yn erbyn y ffefrynnau, Brasil. Yn anffodus, yn sgil anaf, doedd John Charles ddim ar gael a hebddo doedd Cymru ddim mor effeithiol. Colli 1-0 fu'r hanes, gyda bachgen ifanc dwy-ar-bymtheg mlwydd oed yn dwyn yr enw Pele yn sgorio'r gôl. Beth ddigwyddodd iddo fo, tybed? Ta waeth, mae sawl un yn argyhoeddedig hyd heddiw pe bai Charles wedi bod yn holliach ac ar gael, y byddai Cymru wedi mynd ymlaen i ennill y gystadleuaeth. Mae'n anhygoel meddwl hynny heddiw!

Fe gychwynnodd y cyfan yn Abertawe cyn iddo gael ei ddenu i Elland Road i glwb Leeds, yn 1948, ac mae'n deg dweud iddo gael ei werthfawrogi lawer iawn mwy yn Leeds nag yng Nghymru. Ac yntau'n sgorio goliau di-ri, fe'i denwyd i'r Eidal gan asiant clwb Juventus, Gigi Peronace. Roedd y clwb o'r Eidal, gyda buddsoddiad teulu Agnelli, perchenogion cwmni ceir Fiat, yn gallu fforddio talu £65,000 amdano – oedd yn record byd ar y pryd.

Deunaw punt yr wythnos oedd ei gyflog, llai nag oedd chwaraewyr yn ei gael yn Lloegr, ond roedd bonws cyson – roedd y clwb yn talu ei dreth incwm, roedd wedi derbyn £10,000 allan o'r swm a dalwyd am ei drosglwyddiad ac, wrth gwrs, roedd yn cael dewis car – Fiat! Yn y cyfnod yna roedd hyn yn anhygoel, ac anodd iawn oedd hi iddo droi ei gefn ar y fath gyfoeth.

Hyd yn oed os oedd o'n hiraethu am Abertawe neu Leeds, doedd o ddim am rannu'r wybodaeth gyda neb. Gŵr tawel oedd Charles, a doedd o ddim am rannu ei broblemau. Roedd y teulu yn ysu i ddychwelyd i fyw i Brydain ac, ym mis Awst 1962, gyda John Charles yn ddeg ar hugain mlwydd oed, fe adawodd o yr

Eidal a dychwelyd i Leeds. Don Revie oedd y rheolwr bryd hynny. Talodd Leeds dros £30,000 amdano.

O dan gyfarwyddyd Revie byddai Leeds yn datblygu i fod yn un o'r tîmau gorau yn hwyr yn y chwe degau a'r saith degau cynnar, ond roedd y rhan fwyaf o bobl yn eu casáu, ac fe amlygwyd hynny'n ddiweddar pan nad oedd yna lawer o gydymdeimlad â nhw pan gollon nhw eu statws yn y Bencampwriaeth.

Er bod ganddyn nhw chwaraewyr gwych yn ystod cyfnod Revie, roedd yna deimlad eu bod nhw'n dîm caled, budr a thwyllodrus ar brydiau.

Ond pan ddychwelodd Charles i Elland Road, roedd peth o'r ddewiniaeth wedi diflannu. Byr iawn fu'r arhosiad a chyn hir roedd ar ei ffordd unwaith eto, gan ddychwelyd i'r Eidal – i Rufain y tro hwn, i chwarae i glwb Roma.

Yn 1962 roedd yn ôl yng Nghymru, yn chwarae i Gaerdydd. Dw i'n cofio Alan Durban yn cael ei benodi'n rheolwr ar Gaerdydd yn yr wyth degau ac yn sôn am ei gynlluniau ar gyfer y clwb. Fe soniodd am y cyfnod pan ymunodd Charles â'r clwb pan oedd Durban ei hun yn chwarae i Gaerdydd.

'Nôl yn nechrau'r chwe degau roeddwn i'n fachgen ifanc addawol', meddai. 'Ond yn lle cadw'r talent ifanc a'i ddatblygu, penderfynodd Caerdydd gael gwared ar ddau neu dri ohonon ni er mwyn denu John Charles yn ôl – gŵr oedd yn sicr wedi gweld dyddiau gwell.' Yn wir, mi aeth Alan Durban yn ei flaen i ddisgleirio dros glwb Derby County yn y chwe degau, gan ennill Pencampwriaeth yr Ail Adran o dan Brian Clough cyn mynd ymlaen i ennill y Bencampwriaeth. Yn anffodus, fe fethodd yn llwyr fel rheolwr ar Gaerdydd, a'r clwb yn mynd i lawr o'r Ail Adran i'r Bedwaredd. Am ryw reswm roedd Durban wedi llwyddo yn Amwythig, Stoke a Sunderland, ond Caerdydd oedd ei swydd olaf ym mhêl-droed fel rheolwr.

O ran Charles, cymysglyd fu ei gyfnod ynatu fel rheolwr. Ar ôl gadael Parc Ninian yn 1966 fe dderbyniodd swydd fel chwaraewr-reolwr yn Henffordd. Roedd sawl clwb wedi ceisio ei ddenu. Roedd Dundalk yn Iwerddon am ei gael fel rheolwr, ac roedd tri chlwb yng ngogledd Cymru am ei ddenu, Pwllheli, Bangor a Phorthmadog. Pe bai Charles wedi cael ei ffordd, yn ôl i'r Vetch yn Abertawe y byddai wedi dymuno mynd. Ta waeth, yn y diwedd, i Edgar Street yn Henffordd yr aeth o.

Y gobaith oedd y byddai'r enw 'John Charles' yn ddigon i ddenu chwaraewyr da i'r clwb. Mae'n deg dweud iddo chwarae rhan allweddol yn llwyddiant y clwb wrth iddo gyrraedd Cynghrair Lloegr ar ddechrau'r saith degau. Y broblem fwyaf oedd nad y fo oedd y person mwyaf trefnus – weithiau'n hwyr pan oedd y bws ar fin gadael i gêm oddi cartref, a doedd o ddim yn hoffi dweud wrth chwaraewr na fyddai'n cael ei ddewis i'r tîm. Hefyd, roedd ganddo, ar y pryd, fusnes i'w redeg yng Nghaerdydd.

Serch hynny, fe gafodd y tîm dipyn o lwyddiant yng Nghynghrair De Lloegr, ac felly hefyd yng Nghwpan Lloegr, ac roedd mwy a mwy o gefnogwyr yn dilyn y tîm.

Ond, ychydig fisoedd cyn i'r clwb ennill dyrchafiad i Gynghrair Lloegr, a churo Newcastle United o'r Adran Gyntaf yn nhrydedd rownd Cwpan Lloegr – un o'r gêmau mwyaf cofiadwy yn hanes y gystadleuaeth – roedd John Charles wedi gadael y clwb.

Y rheswm swyddogol a roddwyd oedd diddordebau busnes a'r teithio saith deg o filltiroedd yn gyson o'i gartref yng Nghaerdydd i Henffordd. Beth bynnag am hynny, y gwir plaen amdani yw fod pob un o'r chwaraewyr a wynebodd Newcastle yn y drydedd rownd yn y Cwpan, wedi chwarae i'r clwb o dan John Charles – ond Colin Addison, oedd yn fwy trefnus fel rheolwr, gafodd y clod am y llwyddiant.

Wedi cyfnod allan o'r gêm fe'i denwyd i Ferthyr Tudful fel chwaraewr-reolwr. Yr un oedd y gobeithion fan yno, sef y byddai ei bresenoldeb yn denu chwaraewyr o safon ac yn ychwanegu at faint y cefnogaeth. Yn anffodus, roedd hi'n waith caled. Doedd yna ddim arian ar faes Parc Penydarren ac araf iawn fu'r trigolion lleol i ymateb i'w bresenoldeb. Fe gafodd beth llwyddiant, a fo oedd yn gyfrifol am roi cyfle i fachgen ifanc o Gaerdydd, sef Nick Deacy. Aeth Deacy yn ei flaen i chwarae dros PSV Eindhoven a Hull, a chynrychiolodd Gymru ddeuddeg o weithiau.

Yn haf 1974 dychwelodd Charles i'r Vetch – o'r diwedd! Harry Gregg oedd y rheolwr, ac roedd Charles yno i ddatblygu'r ieuenectid. Bu yn y swydd am ddwy flynedd, a dyna pryd yr ymunodd bechgyn ifanc megis Alan Curtis, Robbie James, Nigel Stephenson a Jeremy Charles â'r clwb. Pan gollodd Gregg ei swydd, y sôn oedd mai Charles fyddai'n cymryd ei le. Dyna'n sicr oedd gobaith Charles. Ond, yn hytrach, penodwyd Harry Griffiths yn rheolwr – a phenderfynodd y cawr ganolbwyntio ar fywyd i ffwrdd o bêl-droed.

Oddi ar y cae, hefyd, aeth pethau o ddrwg i waeth iddo. Am gyfnod bu'n ceisio rhedeg tafarn, ond doedd o ddim yn ŵr busnes, ac fe gollodd lawer o'i arian trwy fuddsoddi mewn bwyty. Yn 1988 treuliodd noson mewn carchar oherwydd fod arno arian mewn trethi. Bu'n brwydro hefyd yn erbyn cancr. Yn yr adeg yma o argyfwng fe gafodd gymorth gan ei ail wraig, Glenda, gan glwb Juventus, a hefyd gan Gymdeithas y Cyn-chwaraewyr yn Leeds United.

Mi fydd llawer, mae'n siŵr, o'r farn mai ar John Charles yr oedd y bai – y dylai fod wedi gofalu am ei arian yn well gan ei fod, yn y pum degau, yn ennill tipyn o ffortiwn o'i gymharu â'r dyn cyffredin.

Ond roedd o'n haeddu gwell, nid yn ariannol, ond yn y ffordd y cafodd o ei drin, yn enwedig yma yng Nghymru, hyd ei ben blwydd yn 70 oed. I raddau mae'n atgoffa dyn o'r ffordd y cafodd Bobby Moore ei drin gan y sefydliad yn Lloegr. Wrth gwrs, mae yna gofeb i Moore y tu allan i'r Wembley newydd, ond roedd hi'n rhy hwyr i Moore ei hun.

Fe gafodd John Charles y sylw haeddiannol ym mlynyddoedd olaf ei fywyd. Fydd unrhyw un oedd yn Stadiwm y Mileniwm y noson honno yng Nghaerdydd, pan gurodd Cymru yr Eidal, byth yn anghofio'r gymeradwyaeth i Charles pan ddaeth o ar y maes cyn y gêm. Does ond gobeithio iddo sylweddoli y noson honno fod Cymru yn ei werthfawrogi am y pêl-droediwr a'r person yr oedd o.

Mae'r gyfrol yma'n pontio cyfnod o ddeugain mlynedd, ac mae pêl-droed wedi newid yn anhygoel. Digwyddais weld rhaglen y noson o'r blaen ar y teledu yn sôn am y ffordd y mae teledu wedi newid pêl-droed am byth. Dim teledu sydd wedi gwneud hynny, ond arian. Heddiw mae ganddoch chi chwaraewyr digon cyffredin yn chwarae yn yr Uwch Gynghrair ac maen nhw'n cael cynnig, ac yn gwrthod, dros £60,000 yr wythnos. Beth fyddai gwerth John Charles heddiw? Faint fyddai ei gyflog? Mae rhai yn feirniadol ohono. Do, mi gafodd ei dalu a'i drin yn dda, yn wych a dweud y gwir, yn yr Eidal, ond collodd yr arian wrth ei fuddsoddi'n wael. Yn sicr, fe gymerodd llawer o bobl fantais arno, ac yn ystod y cyfnod hwnnw doedd yna ddim llawer o gwmpas i roi cyngor i chwaraewyr, fel sydd heddiw, ynglŷn â buddsoddi ar gyfer y dyfodol.

Ond mae John Charles yn parhau i ddylanwadu ar fywydau pobl, ac yn creu pont rhwng Cymru a'r Eidal. Yn ddiweddar, roedd fy ngwraig yn digwydd bod gyda Chôr Canna o Gaerdydd yn cystadlu mewn cystadleuaeth ryngwladol yn Verona. Yn y cyflwyniad i'r côr fe soniodd yr arweinydd am gefndir yr aelodau cyn ychwanegu, wrth gwrs, eu bod yn dod o'r un wlad â John Charles. Mae llawer o sôn heddiw ynglŷn â chynnal rowndiau terfynol Cwpan Lloegr ac yn y blaen yn Stadiwm y Mileniwm yng Nghaerdydd, a bod Cwpan Ryder yn dod i Gasnewydd, a bod hyn i gyd yn rhoi Cymru ar y map. Na, dydy o ddim. Concrit yw'r Stadiwm; darn o dir sydd yn y Celtic Manor. Person oedd John Charles. Fe roddodd o Gymru ar y map flynyddoedd yn ôl. Trueni i ni'r Cymry fethu â sylweddoli hynny.

(Western Mail & Echo)

Ron Davies

Enw: Ronald Tudor Davies   Dyddiad geni: Mai 25, 1942
Safle: Blaenwr   Man geni: Treffynnon, Sir y Fflint

Clybiau
    1959-62 Caer
    1962-63 Luton
    1963-65 Norwich
    1966-72 Southampton
    1973-74 Portsmouth
    1974-75 Manchester United
    1975   Millwall

Cymru
    1964-74

Mai 1969 oedd hi, y lleoliad oedd y Cae Ras yn Wrecsam, a'r achlysur oedd gêm ryngwladol rhwng Cymru a'r Alban. Yn chwarae yn y llinell flaen i Gymru y diwrnod hwnnw roedd yna dri chawr, John Toshack oedd, ar y pryd, yn chwarae dros Gaerdydd, Wyn Davies o glwb Newcastle ac, o Southampton, Ronald Tudor Davies. Fe dreuliodd y bêl lawer o'r amser yn yr awyr ac fe gollodd Cymru 5-3. Dyma oedd y tro cyntaf i mi weld, yn fyw, un o'r goreuon, sef Ron Davies.

Heddiw, mi fyddai Ron Davies, fel cymaint o chwaraewyr yn y gorffennol, nid yn unig yn werth ffortiwn ond wedi gwneud ei ffortiwn. Ond, fel y gwelwn ni yn y man, doedd bywyd ar ôl rhoi'r gorau i chwarae ddim yn hawdd, a'r tristwch yw fod cymaint o'r chwaraewyr heddiw, heb fod chwarter cystal chwaraewyr â Ron, wedi gwneud miliynau allan o'r gêm.

Heb os, o ran penio'r bêl, go brin fod llawer yn well na Ron Davies. Ond fe dreuliodd o y rhan fwyaf o'i yrfa gyda chlwb anffasiynol Southampton, lle roedd yn arwr. Sawl tro fe geisiodd Manchester United ei ddenu i Old Trafford ond, bryd hynny, â'r clybiau'n gryfach na'r chwaraewyr, gwrthodwyd pob cynnig. A phan ddaeth y cyfle yn y diwedd, roedd hi'n rhy hwyr i Davies ac i Manchester United – y ddau wedi gweld dyddiau gwell.

Ganwyd Ron Davies yn Nhreffynnon yn Sir y Fflint ar y 25ain o Fai 1942. Doedd hi fawr o dro cyn iddo ymddiddori mewn pêl-droed ac roedd ei ddawn, pan oedd yn chwarae i'r ysgolion lleol, yn amlwg i bawb. Dangoswyd cryn ddiddordeb yn y bachgen ifanc.

Yn ystod y cyfnod hwnnw, clybiau fel Bolton Wanderers, Preston North End, Burnley a Wolverhampton Wanderers oedd y ceffylau blaen yn y gêm yn Lloegr. Yma roedd y pwyslais ar ddenu a datblygu talentau ifanc lleol drwy bolisi ieuenctid. Yn wahanol i heddiw, nid yr arian mawr oedd yn denu chwaraewyr. Ymysg y clybiau amlwg, hefyd, roedd Blackburn Rovers, a oedd yn meddu ar dalentau fel Bryan Douglas a Ronnie Clayton. Yn 1960 fe gyrhaeddon nhw rownd derfynol Cwpan Lloegr yn Wembley cyn colli 3-0 yn erbyn Wolves.

Ac i Barc Ewood yr aeth y Ron Davies ifanc am ei dreial

cyntaf. Ond siom oedd yn ei aros. Penderfynodd Rovers nad oedd yn ddigon da i dderbyn cytundeb. Pe baen nhw wedi meddwl yn wahanol, yna mi fyddai'r ddau Gymro o'r un ardal, Ron Davies a Mike England, wedi bod yn chwarae i'r un clwb yn yr Adran Gyntaf.

Er ei siom, dangosodd Davies gymeriad, ac ym mis Gorffennaf 1959 mi gafodd ei gytundeb proffesiynol cyntaf gan glwb Caer, yn Sealand Road. Bron ugain mlynedd yn ddiweddarach roedd Cymro arall i dderbyn cytundeb gan yr un clwb, ond mwy am Ian Rush yn nes ymlaen. Clwb anffasiynol oedd Caer; yn wir, does dim llawer wedi newid ers dyddiau Davies. Er bod Caer yn ddinas lewyrchus a chyfoethog, mae'r clwb pêl-droed, fel cymaint o glybiau eraill yr ardal, wedi byw erioed yng nghysgod Lerpwl, Everton a Manchester United. Ac isel yw'r gefnogaeth a'r diddordeb.

Serch hynny, wrth fwrw ei brentisiaeth yno am dair blynedd, fe sgoriodd bedwar deg pedwar o goliau mewn naw deg pedwar o ymddangosiadau, ac roedd ei gampweithiau yn denu sylw. Honnodd Davies sawl tro iddo wisgo sgidiau'r fyddin wrth ymarfer, ac mai hynny roddodd y cryfder iddo wrth neidio i benio'r bêl.

Wedi tair blynedd ffrwythlon yng Nghaer, clwb anffasiynol arall oedd yn gartref newydd iddo, sef Luton. Blwyddyn y bu yn Kenilworth Road, ond tra oedd yno parhau i sgorio wnaeth o, gan ychwanegu un gôl a'r hugain mewn tri deg dau o ymddangosiadau.

Yna'n ddisymwth, ar ddechrau tymor 1963-64, penderfynodd rheolwr Norwich, Lol Morgan, brynu Ron Davies am £35,000, oedd yn swm anferth yn y cyfnod hwnnw. Yn y pedair gêm gyntaf iddo chwarae dros ei glwb newydd fe sgoriodd ym mhob un ohonyn nhw, a does dim rhyfedd, felly, iddo ddatblygu yn arwr gyda'r selogion oedd yn tyrru i Carrow Road bob yn ail wythnos. Ail ar bymtheg oedd safle Norwich ar ddiwedd y tymor hwnnw yn yr hen Ail Adran, ond fe sgoriodd Davies ddeg gôl ar hugain iddyn nhw, gan ychwanegu pymtheg yn ei ail dymor ac un ar hugain yn ei drydydd, cyn symud i Southampton.

Wrth feddwl am Norwich, mae hi'n od cymaint o gysylltiad fu rhwng y clwb a Chymru. Yn ddiweddar, mi fu Rob Earnshaw a Carl Robinson yn chwarae iddyn nhw. Ychwanegwch Iwan Roberts, Malcolm Allen, Darren Ward, David Phillips, Mark Bowen, Jeremy Goss, Craig Bellamy, Chris Llywellyn a David Williams – mae'r rhestr yn faith, a hawdd fyddai anghofio enw Ron Davies.

Bu Ron yn llwyddiant rhyfeddol yn ystod ei gyfnod gyda Norwich a doedd hi fawr o syndod iddo gael ei ddewis i chwarae dros Gymru. Heddiw mae yna feirniadu ar y Gymdeithas Bêl-droed am ei diffyg proffesiynoldeb, ond roedd hi'n llawer gwaeth yn y chwe degau a dechrau'r saith degau hyd nes i Mike Smith gymryd yr awenau. Ac erbyn hynny, yn anffodus, roedd gyrfa ryngwladol Ron Davies ar ben.

Pan alwyd Davies i mewn i'r garfan am y tro cyntaf, Dave Bowen oedd y rheolwr. Roedd hefyd yn rheolwr ar glwb Northampton oedd, ar y pryd, ar ras i gyrraedd yr Adran Gyntaf. Ychydig flynyddoedd yn gynt roedd Cymru wedi ymddangos yn rowndiau terfynol Cwpan y Byd yn Sweden yn 1958, a bellach roedd yna gnewyllyn newydd o chwaraewyr yn cynrychioli eu gwlad – Gary Sprake, Terry Hennessey, Rod Thomas, Peter Rodrigues, Mike England, Barry Hole, Ronnie Rees a Wyn Davies. Er y talent, symol ar y naw oedd y canlyniadau.

Nid bod hynny'n poeni Ron Davies pan chwaraeodd ei gêm gyntaf dros Gymru. Y lleoliad oedd Parc Windsor yn Belfast, ym Mhencampwriaeth Prydain. Un ar hugain oedd Davies, a cholli fu'r hanes, 3-2. Fe barhaodd ei yrfa ryngwladol tan 1974 ond, yn anffodus, digon llwm fu'r cyfnod i'r tîm rhyngwladol.

Ond ar lefel clwb doedd dim stop ar Davies. Roedd Southampton newydd ennill dyrchafiad i'r Adran Gyntaf ac, yn naturiol, roedd eu rheolwr, Ted Bates, yn ceisio cryfhau ei dîm. Roedd wedi sylwi ar gampweithiau'r bachgen ifanc o Dreffynnon ac, yn wahanol i sawl rheolwr arall, gan gynnwys Matt Busby yn Manchester United, doedd Bates ddim am oedi. Cynigiodd swm o

Chwaraeodd Ron Davies i glybiau anffasiynol am y rhan fwyaf o'i yrfa. Ond fe'i disgrifiwyd gan Matt Busby, rheolwr Manchester United, fel y blaenwr gorau yn Ewrop.

£55,000 – record i'r clwb – i Norwich am wasanaeth y Cymro. Er dan bwysau i'w gadw, penderfynodd Norwich ei werthu. Fyddai'r swm trosglwyddo ddim yn talu cyflog hanner wythnos i rai o sêr y gêm heddiw! Fe gafodd Ron Davies dymor cyntaf anhygoel, gan gyfiawnhau'r swm a dalwyd i Norwich. Yn ystod un cyfnod fe sgoriodd ddeuddeg gôl mewn deg gêm, a gorffennodd y tymor cyntaf yna ar frig siart y sgorwyr, ar ôl sgorio tri deg saith o goliau mewn pedwar deg un o gêmau. Oherwydd ei goliau, sicrhaodd Southampton eu statws yn yr Adran Gyntaf, ac roedd y cefnogwyr yn heidio i'r Dell i weld yr arwr newydd.

Yn yr awyr yr oedd cryfder Ron Davies, a gallai achosi trafferth i'r goreuon – i Ron Yeates yn Lerpwl, Jackie Charlton yn Leeds a Bill Foulkes yn Manchester United. Tra oedd Davies yn fygythiad amlwg yn yr awyr, roedd o'n ffodus fod ganddo ddau asgellwr oedd yn creu'r cyfleon iddo, sef Terry Paine, Mr Southampton, ar un asgell, a John Sydenham ar y llall. Roedd Paine wedi bod yn rhan o garfan Lloegr oedd wedi ennill Cwpan y Byd yn 1966 ond gan nad oedd Alf Ramsey, rheolwr Lloegr, yn hoff o ddefnyddio asgellwyr, gwylio'r gêmau o'r fainc y bu Paine. Yn ffodus i Davies, roedd Ted Bates yn credu'n wahanol i Ramsey.

Wrth i Southampton gryfhau eu statws yn yr Adran Gyntaf, yr un fu'r hanes gyda Davies, unwaith eto, ar frig rhestr y sgorwyr yn 1967-68, gan rannu'r wobr gyda George Best. Roedd hyn yn dipyn o gamp pan mae dyn yn ystyried bod United, bryd hynny, yn eu hanterth, yn ennill Pencampwriaethau a Chwpan Ewrop yn Wembley ym Mai 1968, ac roedd Best yn chwarae yn yr un tîm â Dennis Law a Bobby Charlton.

Deirgwaith yn ei yrfa fe sgoriodd Ron Davies bedair gôl mewn un gêm, ond daeth y rhai mwyaf cofiadwy yn Old Trafford. Doedd hi ddim yn gyfrinach fod gan Matt Busby feddwl uchel ohono a'i fod wedi ceisio sawl tro ei ddenu i Old Trafford. Bob tro yn ymwybodol o'i bwysigrwydd iddyn nhw, roedd Southampton wedi gwrthod y cynigion. Ar ddechrau tymor newydd 1969-70, un o'r gêmau ar y Sadwrn cyntaf oedd honno yn Old Trafford,

Manchester United yn erbyn Southampton. Er syndod i bawb, a nhw eu hunain, siŵr o fod, fe enillodd Southampton 4-1 – a Davies sgoriodd y cyfan! Roedd ei berfformiad yn wefreiddiol ac wedi'r gêm datganodd Busby nad oedd blaenwr gwell na Davies drwy Ewrop gyfan. Tipyn o ganmoliaeth yn wir!

Mae amser i bopeth, wrth gwrs, ac erbyn 1973 roedd cyfnod Davies yn Southampton yn dod i ben, wedi iddo sgorio cant tri deg pedwar o goliau mewn dau gant a deugain o gêmau. Fe symudodd i lawr yr arfordir at yr hen elyn, Portsmouth, ond heb y drwgdeimlad a ddilynodd Harry Redknapp pan symudodd hwnnw, fel rheolwr, o Portsmouth i Southampton ac yna, yn anhygoel, yn ôl i Portsmouth. Er ei fod erbyn hynny yn dioddef gydag anaf i'w gefn, llwyddodd Ron i sgorio deunaw gôl mewn pum deg naw o gêmau. Ac yn ystod ei gyfnod gyda Portsmouth daeth diwedd ar ei yrfa ryngwladol ym mis Mai 1974, wrth i Gymru golli 2-0 yn erbyn Lloegr. Gyda Mike Smith bellach yn rheolwr, roedd angen gwaed newydd.

Synnwyd y byd pêl-droed ym mis Tachwedd 1974, a Davies ei hun, pan benderfynodd Manchester United, o'r diwedd, ei brynu. Nid dyma United Cwpan Ewrop a Phencampwriaethau Busby, ond United ar chwâl, United Wilf McGuinness a Frank O'Farrell, y Manchester United lle roedd George Best yn diflannu byth a beunydd. Fe wnaeth wyth ymddangosiad yn y tîm cyntaf fel eilydd, heb sgorio'r un gôl, cyn symud i Millwall am dair gêm ar fenthyg.

Roedd yn ysu am gyfle i hyfforddi neu reoli; doedd dim swydd iddo gyda Southampton lle roedd wedi cyfrannu cymaint. Byddai wedi bod wrth ei fodd â rhyw fath o rôl yng Nghymru, ond doedd dim ar gael. Roedd yr Unol Daleithiau yn galw. Roedd Pele, Best a Beckenbauer i gyd wedi mynd draw yno ar gyfer menter newydd, gyffrous. Ond pylu wnaeth y cyfan. Bu Ron Davies yn hyfforddi yn Florida. Ond caled fu'r blynyddoedd diweddar iddo yn broffesiynol ac yn bersonol.

Yn achlysurol bu sôn yn y papurau amdano'n dangos diddordeb mewn ambell swydd ym myd pêl-droed yn ôl ym Mhrydain. Ar ôl gorffen chwarae pêl-droed mi fyddai, o bosib, fod wedi gallu dilyn gyrfa fel arlunydd neu gartwnydd. Byddai ei waith yn ymddangos mewn ambell gylchgrawn pêl-droed yn y chwe degau a'r saith degau – gan amlaf cartŵn o un o'i gydchwaraewyr o glwb Southampton neu dîm Cymru.

Yn drist iawn, bu sôn hefyd ei fod wedi bod yn ddigartref.

Mor wahanol oedd ei sefyllfa a'i statws o'i gymharu â'r Cymro diweddaraf i adael Southampton, Gareth Bale. Dyw Bale ddim wedi cyflawni dim eto. Mae ganddo dalent aruthrol, does neb yn gwadu hynny, ond ar hyn o bryd potensial yn unig ydy o. Ond mae o wedi symud i Tottenham yn yr Uwch Gynghrair am £10,000,000, ac am fachgen deunaw mlwydd oed mae o'n ennill cyflog anghredadwy!

Gwireddodd Ron Davies ei botensial – ar un adeg roedd yn cael ei ddisgrifio fel y peniwr gorau o'r bêl yn Ewrop, a hynny gan neb llai na Matt Busby, rheolwr pencampwyr Ewrop.

Mike England

Enw: Harold Michael England

Safle: Amddiffynnwr

Dyddiad geni: Rhagfyr 2, 1941

Man geni: Treffynnon, Sir y Fflint

Clybiau

    1959-66 Blackburn Rovers

    1966-75 Tottenham Hotspur

    1975-76 Caerdydd

              (tymor y gaeaf Awst-Mai)

    1975-79 Seattle Sounders, Washington

Cymru

    1962-74

Rheolwr

    1979-87 Cymru

Yn ddiweddar, bu llawer o benawdau ynglŷn â'r ffaith fod David Beckam yn gadael Real Madrid a throi ei olygon tuag at yr Unol Daleithiau i chwarae ei bêl-droed dros glwb LA Galaxy. Ymdrech arall yw hyn i sefydlu cynghrair go iawn yn y wlad honno, yn ôl llawer. Ond does yna fawr o'i le ar bêl-droed yn yr Unol Daleithiau. Mae yna filoedd ar filoedd yn chwarae'r gêm ond mae'n frwydr i gael sylw yn y wasg a'r cyfryngau oherwydd yr holl heip yn ymwneud â chwaraeon traddodiadol Americanaidd sydd yn ofni bygythiad pêl-droed i'w statws.

Yn wir, gellid dweud bod bron cymaint o Americanwyr ag o Saeson yn chwarae yn yr Uwch Gynghrair yn Lloegr erbyn hyn. Tipyn llai o sylw gafodd y chwaraewr rhyngwladol o Landrindod, Carl Robinson, pan symudodd o Norwich i Toronto yng Nghanada ddechrau 2007!

Yn y gorffennol, wrth gwrs, mae rhai o gewri'r gêm, fel Pele, Beckenbauer a Best, wedi chwarae yno. Un a wnaeth waith arwrol yn y chwe degau wrth iddo geisio sefydlu'r cynghrair gwreiddiol oedd Phil Woosnam o Gaersws. Ac ymysg y rhai cyntaf i fynd allan i chwarae yno yn y saith degau a'r wyth degau cynnar, roedd dau o gyn-reolwyr Cymru, Terry Yorath, a aeth i chwarae gyda Vancouver Whitecaps, a Mike England gyda Seattle Sounders.

Mae'n rhyfeddol i feddwl sawl chwaraewr o fri sydd wedi hanu o ogledd-ddwyrain Cymru. Yn y pum degau a'r chwe degau dyna i chi Roy Vernon, Terry Hennessey, Ron a Wyn Davies, Dave Powell a Mike England i gyd wedi eu magu yn yr ardal. Ac fe aeth pob un ymlaen i ddisgleirio dros ei glwb a'i wlad.

Yn fwy diweddar, chwaraewyr o ddawn a safon Ian Rush, Mark Hughes, Kevin Ratcliffe, Gary Speed a Michael Owen sydd wedi hawlio'r sylw, ac maen nhw i gyd wedi eu geni a'u magu yng ngogledd-ddwyrain Cymru.

Ger Treffynnon y magwyd Mike England ac, fel cymaint o chwaraewyr eraill yn y gyfrol yma, roedd o mewn safle hynod o fanteisiol o ran creu gyrfa bêl-droed oherwydd yr oedd ar stepen drws y clybiau mawr yng ngogledd Lloegr.

Ond er bod Everton yn glwb mawr a Manchester United yn ailadeiladu o dan arweiniad Matt Busby wedi trychineb Munich, doedd yna fawr o wahaniaeth rhwng y chwaraewyr o ran eu cyflogau. Ymysg y clybiau mawr bryd hynny roedd Wolverhampton Wanderers, Bolton Wanderers, Preston North End, Burnley a Blackburn Rovers.

Gwahanol yw hi heddiw. Er bod rhai o'r clybiau yma yn yr Uwch Gynghrair, fyddan nhw byth yn ail-greu llwyddiant y gorffennol ac yn ennill pencampwriaethau.

Ta waeth, i Barc Ewood yn Blackburn yr aeth Mike England. Dyma glwb oedd wedi chwarae yn rownd derfynol Cwpan Lloegr yn Wembley yn 1960 ac wedi colli 3-0 yn erbyn Wolves. Roedd yna sêr rhyngwladol yn eu tîm, yn cynnwys blaenwr Lloegr, Bryan Douglas.

Ond i glybiau fel Blackburn roedd tro ar fyd i ddod. Colli tir fyddai'r stori yn y chwe degau wrth i'r clybiau mawr ddatblygu – United, Lerpwl, Everton, Leeds a Tottenham. Yn y sefyllfa honno, ni allai Blackburn ddal gafael ar ei chwaraewyr gorau.

Ac ystyried pa mor dda yr oedd Mike England yr amddiffynnwr yn chwarae i Blackburn, mae'n syndod iddo beidio â mynd i Old Trafford, Anfield neu Goodison. Ond, am swm o £90,000, record i amddiffynnwr ar y pryd, i Lundain yr aeth y bachgen o ogledd Cymru ac ymuno â Tottenham Hotspur yn 1966.

Rŵan ar ddechrau'r chwe degau roedd clwb Tottenham ar ben ei ddigon o dan reolaeth Bill Nicholson. Dyma dîm oedd yn meddu ar chwaraewyr o ddawn Bobby Smith, y Cymro Cliff Jones, John White, yr anfarwol Danny Blanchflower a Dave Mackay, yr Albanwr caled.

Ar ddechrau'r chwe degau, teg fyddai dweud mai Tottenham oedd y tîm mwyaf llwyddiannus ym Mhrydain. Enillon nhw'r dwbwl, sef y Bencampwriaeth a'r Cwpan; fe enillon nhw'r Cwpan eto a Chwpan Enillwyr Cwpanau Ewrop, y clwb cyntaf o Loegr i ennill tlws yn Ewrop, pan gurwyd Atletico Madrid 5-1 yn y rownd derfynol.

Adeiladu ar y llwyddiant yma oedd bwriad Nicholson. Roedd yn gweld Mike England fel yr arweinydd yn y cefn, ac ymhlith y blaenwyr roedd wedi llwyddo i lofnodi'r sgoriwr anhygoel Jimmy

Greaves pan adawodd hwnnw yr Eidal wedi cyfnod gydag AC Milan.

Er gwaetha'r datblygiadau, digon llwm fu'r cyfnod hwn i'r tîm o White Hart Lane o ran pencampwriaethau ac ati. Enillwyd Cwpan Lloegr yn 1967, 2-1 yn erbyn Chelsea, gyda goliau gan Jimmy Robertson a Frank Saul, ond o ran y Bencampwriaeth, Manchester United, Lerpwl, Everton, Leeds, Manchester City a'r hen elynion, Arsenal, oedd yn llwyddiannus yn y maes hwnnw.

Er i Tottenham wario arian mawr ar Martin Chivers a Martin Peters, enillwyd dim ond Cwpan y Cynghrair a Chwpan UEFA ar ôl curo Wolves yn y rownd derfynol dros ddau gymal.

Yn nes ymlaen yn y gyfrol fe ddown ni ar draws Kevin Ratcliffe, cyn-gapten arall ar Gymru, a'i ddylanwad ar glwb Caerdydd wedi iddo ymadael ag Everton. Fe gafodd Mike England yr un fath o ddylanwad ar glwb y brifddinas pan adawodd Tottenham. Canol y saith degau oedd hi, ac England yn dioddef o anafiadau pan adawodd Lundain a chael ei ddenu i Gaerdydd gan Albanwr o'r enw Jimmy Andrews. Gydol y saith degau roedd Caerdydd fel io-io, yn ôl a blaen rhwng yr hen Ail a Thrydedd Adran.

Yn 1976 roedd yna dîm cyffrous ar Barc Ninian – tîm yn cynnwys Tony Evans a Peter Sayer, y sgorwyr goliau, a sgiliau Willie Anderson ar yr asgell – ond roedd angen tipyn o brofiad yn y cefn. Dyma beth gyfrannodd Mike England. Roedd y rhain yn ddyddiau da. Yn brwydro am ddyrchafiad yr un pryd â Chaerdydd roedd Henffordd, newydd ddyfodiaid i'r Cynghrair ar ddechrau'r saith degau. Mae'n anodd credu heddiw, ond mewn gêm rhwng y ddau dîm ar y brig yn 1976, denwyd torf o dros 35,000 i Barc Ninian i wylio'r gêm, gyda Chaerdydd yn ennill 2-0. Ar ddiwedd y tymor fe enillon nhw ddyrchafiad yn ôl i'r Ail Adran, sef yr hyn fyddai'n cael ei alw yn Bencampwriaeth heddiw.

A dyna Mike England hefyd yn penderfynu rhoi'r gorau iddi ac ymddeol o bêl-droed ym Mhrydain. Fe drodd ei sylw at y cyffro oedd yn digwydd draw yn yr Unol Daleithiau a phenderfynu gorffen ei yrfa fel chwaraewr yn y wlad honno.

Cawr o amddiffynnwr gyda Tottenham a Chymru. Anodd credu ei anlwc fel rheolwr ar dîm Cymru.

Fe dderbyniodd gynnig i ymuno â Seattle Sounders. Ac yno y bu am bedair blynedd cyn cael yr alwad i ddychwelyd i Gymru – ond nid i unrhyw swydd gydag un o'r clybiau. Er ei ddiffyg profiad, ac er nad oedd wedi rheoli ym Mhrydain o'r blaen, fe gafodd y swydd o fod yn rheolwr ar y tîm cenedlaethol! Mike England oedd wedi ei ddewis yn olynydd i Mike Smith fel rheolwr ar y tîm pêl-droed cenedlaethol. Roedd ei gêm gyntaf ar y Cae Ras yn Wrecsam ym Mai 1980, a hynny yn erbyn Lloegr o bawb. A ddaru Mike England na Chymru ddim siomi y diwrnod hwnnw.

Does dim dwywaith fod safonau a phroffesiynoldeb Cymru wedi codi a gwella'n aruthrol o dan reolaeth Mike Smith yn y cyfnod cyn i Mike England ymgymryd â'r swydd. Cyrhaeddwyd rownd wyth olaf Pencampwriaeth Ewrop cyn colli yn erbyn Iwgoslafia dros ddwy gêm yn 1976, a bu bron i Gymru gyrraedd rowndiau terfynol Cwpan y Byd yn 1978, ond boddi wrth ymyl y lan fu'r hanes trwy golli 2-0 gartref yn Anfield yn erbyn yr Alban, wedi penderfyniad dadleuol gan y dyfarnwr. Hwnnw yn rhoi cic o'r smotyn i'r Alban er mai eu blaenwr nhw, Joe Jordan, oedd wedi llawio'r bêl. Chwaraewyd y gêm yn Anfield, gyda llaw, gan fod trafferth wedi bod ymysg y cefnogwyr yn ystod y gêm gyfartal yn erbyn Iwgoslafia ar Barc Ninian yn 1976.

Yn ystod cyfnod Mike Smith wrth y llyw fe enillodd y Cymry hefyd 1-0 yn Wembley yn 1977, gyda Leighton James yn sgorio o'r smotyn. Roedd yna gymeriadau yn y tîm – Dai Davies, Leighton Phillips, Joey Jones, Brian Flynn, Leighton James, John Mahoney a John Toshack. O dan arweiniad Smith roedd yna barch tuag at y tîm cenedlaethol. Yn anffodus, mae llawer heddiw yn cysylltu Smith â'i ail gyfnod wrth y llyw yng nghanol y naw degau pan gollwyd yn Moldova a chael cweir 5-0 yn Georgia.

Felly, dyma beth yr oedd Mike England yn ei etifeddu – sefyllfa gryn dipyn yn wahanol i'r hyn adawodd o pan oedd Dave Bowen yn rheolwr rhan amser ar Gymru.

Yn 1980, felly, roedd y gêm gyntaf ym mhencampwriaethau Prydain yn erbyn Lloegr ar y Cae Ras yn Wrecsam. Roedd y maes dan ei sang a'r disgwyliadau'n uchel, ond doedd neb yn disgwyl yr hyn oedd i ddod. Chwalwyd Lloegr 4-1, gyda chwaraewyr ifanc talentog fel Mickey Thomas, Ian Walsh a David Giles ar dân. Roedd y gwrthwynebwyr, gyda Ron Greenwood yn rheolwr, wedi cael sioc – tîm oedd yn cynnwys Ray Clemence, Trevor Brooking a Ray Wilkins yn cael ei chwalu'n llwyr. Yn nhîm y Saeson roedd Larry Lloyd, gynt o Lerpwl ond erbyn hynny yn chwarae i Nottingham Forest. Dyma pryd y dywedodd Brian Clough, ei reolwr clwb wrtho, 'Ti ydy'r unig chwaraewr i ennill dau gap mewn un gêm – y cyntaf a'r olaf.'

Felly, wedi curo'r hen elyn 4-1 roedd Cymru ar ben ei digon ond daeth tro ar fyd yn y ddwy gêm nesaf yn erbyn Gogledd Iwerddon a'r Alban pan gollodd Cymru'r ddwy heb sgorio'r un gôl.

Ond yn sicr ddigon roedd teyrnasiad Mike England yn gyfnod cyffrous, a daeth Cymru mor, mor agos at sicrhau lle mewn rowndiau terfynol. Yn wir, ac ystyried y chwaraewyr oedd ganddo, y wyrth yw i Gymru fethu â chyrraedd rowndiau terfynol unrhyw gystadleuaeth. Roedd ei dîm yn meddu ar chwaraewyr o ddawn Dai Davies ac yna Neville Southall, Paul Price, Leighton Phillips, Kevin Ratcliffe, Pat Van Den Hawe, David Phillips, Mark Bowen, Barry Horne, heb sôn am chwaraewyr fel Clayton Blackmore, Ian Rush a Mark Hughes. Mae o'n fwy o syndod o ystyried bod Gogledd Iwerddon wedi llwyddo ddwywaith yn yr un cyfnod, yn 1982 a 1986, o dan reolaeth Billy Bingham, a heb hanner y talent o ran chwaraewyr.

Un o wendidau Mike England oedd ei anallu i gofio enwau chwaraewyr. Yn wir, mae sawl rheolwr yn dioddef o'r un gwendid. Dyna i chi Jack Charlton pan oedd yn rheolwr ar Weriniaeth Iwerddon. Wrth ddadansoddi un gêm arbennig yn erbyn yr Iseldiroedd ar ITV, fe enwodd o sawl chwaraewr ond, yn anffodus, doedd yr un ohonyn nhw wedi cyffwrdd y bêl yn ystod y symudiad dan sylw!

Doedd Mike England ddim cynddrwg â hynny, ond dyma un stori amdano gan Joey Jones. Pan chwaraeodd Cymru gêm gyfeillgar allan ym Mharis yn erbyn Ffrainc, roedd Mike wedi ei wefreiddio gan sgiliau chwaraewr oedd yn gwisgo rhif 10 Yn yr

35

ystafell newid ar yr egwyl dyma Mike yn annog ei chwaraewyr 'i gadw golwg ar y rhif deg – y rhif deg yna, be 'di enw fo?' Platini oedd o, meddai Joey, Michel Platini, capten Ffrainc ac un o chwaraewyr gorau'r byd ar y pryd, a rŵan yn bennaeth ar gorff llywodraethu'r gêm yn Ewrop, UEFA!

Ar un achlysur arall roedd Cymru'n chwarae yn erbyn Tsiecoslofacia ar y Cae Ras yn Wrecsam. Eu chwaraewr amlycaf a mwyaf dylanwadol oedd Kubic yng nghanol y cae. Yn anffodus, roedd Mike yn ei alw yn 'Rubic' drwy'r nos – ar ôl y ciwb enwog oedd yn boblogaidd ar y pryd!

Daeth cyfleon di-ri. Yn wir, ar un adeg ar gychwyn ei yrfa, mor hyderus oedd pawb o gyrraedd rowndiau terfynol Cwpan y Byd yn Sbaen yn 1982, roedd sticeri wedi eu cynhyrchu yn datgan *Follow Wales to Spain*. Dyma pryd yr oedd Cymru yn yr un grŵp â'r Undeb Sofietaidd, Tsiecoslofacia, Twrci a Gwlad yr Iâ.

Cychwynnodd Cymru'r grŵp gyda buddugoliaeth yn Reykjavík o 4-0 yn erbyn Gwlad yr Iâ, curwyd Twrci a Tsiecoslofacia, a chafwyd gêm gyfartal ddi-sgôr yn y gwres ar y Cae Ras yn erbyn tîm cryf yr Undeb Sofietaidd. Roedd Cymru ar ben y grŵp, heb golli a heb ildio gôl. Yna, aeth popeth o chwith ac fe wnaeth Mike England gamgymeriad mawr.

Roedd y grŵp yn un anodd, a dweud y lleiaf, ac roedd y rheolwr yn ofni y byddai gwahaniaeth goliau yn ffactor pwysig ar ddiwedd y grŵp. Felly, yn y gêm gartref yn erbyn Gwlad yr Iâ ar y Vetch yn Abertawe, penderfynodd chwarae tîm ymosodol yn cynnwys saith blaenwr. Y rhesymeg, mae'n debyg, oedd os oedd Cymru wedi sgorio pedair oddi cartref yna mi fyddai modd gwella ar hynny gartref yn erbyn gwrthwynebwyr gwan. Hefyd, roedd y rheolwr wedi penderfynu gadael ei gapten, Terry Yorath, ar y fainc. Roedd Yorath erbyn hynny yn chwarae ei bêl-droed yng Nghanada gyda Vancouver Whitecaps a thybiodd Mike England fod ei gapten wedi colli peth o'i sbarc ar y cae. Ond roedd Yorath yn fwy na chwaraewr, roedd o'n bersonoliaeth, yn bresenoldeb, yn ddylanwad ar y cae.

Yn anffodus i Gymru, diffoddodd y goleuadau ar y Vetch pan oedden nhw ar y blaen. Roedd Dai Davies am i'r gêm gael ei gohirio; pawb arall am i'r gêm barhau. Pan ailgychwynnodd y chwarae roedd y Cymry wedi colli eu momentwm a daeth Gwlad yr Iâ yn gyfartal, ac er i Gymru sgorio eto, gorffennodd y gêm yn gyfartal, dwy gôl yr un. Hunllef go iawn. A chyda gweddill y canlyniadau yn y grŵp yn weddol siomedig, methu wnaeth Cymru o drwch blewyn â chyrraedd Sbaen.

Ar gyfer Pencampwriaethau Ewrop yn 1984 roedd Iwgoslafia eto, a Bwlgaria a Norwy, yn yr un grŵp. Roedd gêm olaf Cymru gartref yn erbyn Iwgoslafia ar Barc Ninian. Roedd angen buddugoliaeth er mwyn sicrhau llwyddiant. Rhoddoddd y diweddar Robbie James Gymru ar y blaen cyn i Iwgoslafia sgorio, gyda naw munud i fynd, a sicrhau gêm gyfartal. Ond doedd hi ddim ar ben. Mi fyddai gêm gyfartal yn Split yr wythnos ganlynol rhwng Iwgoslafia a Bwlgaria yn golygu y byddai Cymru'n cyrraedd y rowndiau terfynol.

Mi ges i fy ngyrru draw yno gan y BBC – yr unig ohebydd o wledydd Prydain i fynd. Mor wahanol fyddai heddiw; byddai darllediad byw ar y teledu a'r radio. Ta waeth, gydag awr a hanner wedi chwarae, roedd hi'n ddwy yr un, a Chymru ar ei ffordd. Hyd heddiw mi alla i weld y cloc mawr y tu ôl i un gôl yn Stadiwm Paul Jud yn Split yn dangos bod 45 eiliad o amser am anafiadau wedi ei chwarae. Yna croesiad o'r chwith a'r amddiffynnwr mawr, Radanovic, yn codi a phenio'r bêl heibio i'r golwr Mihailov – a Chymru allan o'r Bencampwriaeth. Mor anlwcus, ond digwydddiad oedd yn crynhoi lwc Mike England fel rheolwr ar Gymru.

Yn 1985 cafwyd enghraifft arall o anlwc Mike England fel rheolwr ar Gymru – bu bron i ni gyrraedd rowndiau terfynol Cwpan y Byd yn Mecsico yn 1986. Roedd Gwlad yr Iâ yn yr un grŵp unwaith eto. Sais, Tony Knapp, oedd yn rheolwr arnyn nhw a Chymru yn colli 1-0 y tro yma oddi cartref. Collwyd hefyd yn Sbaen ond, yn erbyn yr Alban, oddi cartref ar Barc Hampden, yn erbyn tîm oedd yn cynnwys Kenny Dalglish, Graeme Souness, Willie Miller ac Alex McLeish, enillodd y Cymry 1-0, gyda Ian Rush a Mark Hughes y noson honno yn wych fel partneriaeth.

A dyna i chi ddathlu y noson honno! Mike England a'i ddirprwy, Doug Livermore, y tîm a'r wasg yn dathlu buddugoliaeth gofiadwy. Dyna pryd dywedodd y rheolwr wrtha i, tua dau o'r gloch y bore, *'I bet your mother was delighted with that.'* Doedd gen i ddim syniad ei fod o'n adnabod Mam!

Dw i ddim yn cofio i John Hardy, oedd yn cyd-sylwebu y noson honno, na finnau weld ein hystafell wely.

Yn y gêm nesaf ar y Cae Ras cafodd Sbaen, un o dîmau gorau'r byd, gweir go iawn 3-0, gyda Rush yn sgorio dwy a Hughes yn sgorio'r drydedd gyda foli gofiadwy.

Rŵan, roedd angen buddugoliaeth gartref ar Barc Ninian yn erbyn yr Alban. Cafwyd dechreuad addawol gyda gôl gynnar gan Mark Hughes – ac yna *déjà vu*. Cic o'r smotyn dadleuol, a Davie Cooper yn sgorio heibio i Neville Southall. Siom aruthrol o ran y pêl-droed, ond dyma'r noson y bu farw Jock Stein, rheolwr enwog yr Alban a Celtic gynt. Cafodd drawiad ar y galon dri munud cyn diwedd y gêm.

Profiad od oedd gadael y maes y noson honno. Yr Alban wedi ennill, ond neb yn dathlu. Miloedd o'u cefnogwyr y tu allan i'r maes ddwy awr ar ôl y gêm, ac eto dim siw na miw.

Unwaith eto ar gyfer rowndiau terfynol Pencampwriaethau Ewrop 1988, roedd angen pwynt ar Gymru gyda dwy gêm oddi cartref yn weddill – Denmarc yn Copenhagen a Tsiecoslofacia yn Prague. Collwyd y ddwy, 1-0 yn erbyn y Daniaid ac yna yn Prague fe reolodd Cymru'r chwarae yn llwyr am awr, gan greu a methu cyfleon di-ri, ac Ian Rush, o bawb, yn bennaf euog. Collwyd y gêm 2-0, a dyna'r cyfle olaf i'r rheolwr.

Wedi hynny bu llawer o ddarogan y byddai Mike England yn cael swydd fel rheolwr clwb. Roedd o byth a beunydd yn cael ei gysylltu â chlwb Everton, roedd o yno mor aml. Ond gwylio Ratcliffe, Van Den Hawe a Southall yr oedd o!

Fe drodd ei gefn ar y gêm. Roedd wedi agor cartrefi hen bobl ar hyd y glannau yn ardal y Rhyl a phenderfynodd ganolbwyntio ar hynny, yn ogystal â chwarae golff. Anaml iawn y mae o'n cael ei weld ar y teledu neu ei glywed ar y radio y dyddiau hyn. Mor wahanol y byddai pe bai wedi llwyddo, dim ond unwaith, i arwain Cymru i lwyddiant yn yr wyth degau.

Joey Jones

Enw: Joseph Patrick Jones   Dyddiad geni: Mawrth 4, 1955
Safle: Cefnwr chwith   Man geni: Llandudno

Clybiau
    1973-75 Wrecsam
    1975-78 Lerpwl
    1978-82 Wrecsam
    1982-85 Chelsea
    1985-87 Huddersfield
    1987-92 Wrecsam

Cymru
    1976-86

Joey Jones fyddai'r cyntaf i gyfaddef nad y fo oedd y pêl-droediwr gorau i droedio'r ddaear yma, ond yn sicr mae o yn un o'r rhai mwyaf poblogaidd. Mae'n gymeriad hynod o hoffus, yn llawn hiwmor a thynnu coes, yn ddireidus ei natur ac eto yn meddu ar ochr hynod o ddifrifol i'w gymeriad.

Ym mis Mai 1977 fe enillodd Lerpwl Gwpan Ewrop am y tro cyntaf yn eu hanes, gan guro'r tîm o'r Almaen, Borussia Mönchengladbach, 3-1 yn Rhufain. Dyma oedd uchelgais Bill Shankly, yr Albanwr oedd yn gyfrifol am greu'r Lerpwl modern nôl ar ddiwedd y pum degau a dechrau chwe degau'r ganrif ddiwethaf. Yn anffodus, erbyn y foment fawr roedd Shankly wedi ymddeol a Bob Paisley oedd wrth y llyw y diwrnod bythgofiadwy hwnnw. A thra bod y cefnogwyr yn cofio'r gêm, y fuddugoliaeth a'r sêr, Clemence, Hughes, McDermott, Callaghan a Kevin Keegan, mae yna faner sydd yn aros yn y cof bron yn fwy nag unrhyw beth arall –

Joey ate the Frogs legs, made the Swiss roll and now he's munching Gladbach.

Cyfeirio roedd y faner at yr epic yn y rownd go-gyn-derfynol pan gurodd Lerpwl y tîm o Ffrainc, St Etienne, 3-2 ar gyfanswm goliau; pan gurwyd Servette o'r Swistir yn gyfforddus yn y rownd gyn-derfynol, ac yna y rownd derfynol ei hun yn erbyn yr Almaenwyr. Flynyddoedd yn ddiweddarach y cafodd Joey ei ddwylo ar y faner; bellach, mae'n rhan o'r amgueddfa yn Anfield. Pam, meddech chi, roedd y cefnogwyr wedi cymryd gymaint at Joey? Doedd ganddo mo'r sgiliau gorau, roedd o weithiau'n colli ei ben ar y cae, ond roedd ganddo egni, brwdfrydedd ac roedd o'n ffyrnig wrth daclo. Roedd y cefnogwyr, ble bynnag yr oedd o'n chwarae, yn gwerthfawrogi hynny. Y fo oedd yn cynrychioli'r cefnogwyr allan yna ar y cae, y fo oedd y dyn cyffredin oedd yn gwireddu breuddwyd pob bachgen, yn rhedeg allan o flaen y Kop yn Anfield yn codi ei ddwrn, a hwythau'n ymateb yn yr un modd.

Llandudno oedd man geni Joey, yr un man â Neville Southall ac amddiffynnwr canol Wrecsam yn y saith degau, Gareth Davies.

A thafliad carreg, wrth gwrs, o Fochdre, man geni cyfaill agosaf Joey a chymeriad arall, Mickey Thomas a aeth ymlaen o Wrecsam i Manchester United.

Pan oedd Joey Jones yn ei arddegau gallasai'n hawdd fod wedi colli'r cyfle i ddatblygu gyrfa fel pêl-droediwr. Roedd yn perthyn i gang o hwliganiaid o'r enw The Parrotts, oedd yn achosi tipyn o drafferth yn Llandudno a byth a beunydd yn denu sylw'r heddlu. Oni bai am bêl-droed, meddai Joey yn ei hunangofiant, mae'n weddol siŵr y byddai wedi treulio amser yn y carchar. Yn wir, bu bron iddo golli ei gyfle ac yntau newydd ymuno â Wrecsam. Bu'n rhaid i'r rheolwr, John Neal, ymyrryd a dadlau ar ei ran er mwyn rhoi cyfle arall iddo. Mae Joey'n hollol sicr mai pêl-droed roddodd y ddisgyblaeth oedd ei angen arno yn ei fywyd.

Yn ddiweddar, bu pob math o drafferthion yng nghlwb pêl-droed Wrecsam. Oddi ar y cae, gyda'r gŵr busnes Anthony Hamilton wrth y llyw, bu bron iddyn nhw fynd i'r wal. Wedi goresgyn y broblem honno bu problemau ar y cae, a'r tîm bron â mynd allan o Gynghrair Lloegr cyn curo Boston 3-1 yn eu gêm olaf o flaen torf o 12,500. Er mwyn rhoi ail gyfle iddynt fe roddodd y miliwnydd, Steve Morgan, fenthyg £2,500,000 i'r clwb. Roedd Morgan wedi ceisio prynu clwb Lerpwl am £75,000,000. Pan fethodd yr ymgyrch honno, trodd ei sylw at glwb Wolverhampton Wanderers.

Roedd Morgan wedi bod yn gefnogwr brwd o Lerpwl erioed a beth sydd yn ddiddorol yw ei fod, yn bymtheg oed, yn teithio ar fws o'r Rhyl i Lerpwl ar gyfer y gêmau cartref.

Pwy oedd yn dal yr un bws ar ddechrau'r daith yn Llandudno ond Joey Jones. Roedd hi flynyddoedd yn ddiweddarach cyn i Joey sylweddoli mai'r gŵr ariannog yma oedd yr un Steve Morgan â'r un oedd yn gwmni iddo ar y bws i Anfield.

Mae'n deg dweud mai o dan arweiniad John Neal y cafodd Wrecsam eu hoes aur, o ddiwedd y chwe degau tan ddiwedd y saith degau. Aeth Neal ati i sefydlu polisi ieuenctid o fewn y clwb ac roedd Joey Jones a Mickey Thomas yn rhan gynnar o'r trefniant hwnnw. Roedd y ddau yn denu sylw a'r penawdau, Joey yn bennaf am ei frwdfrydedd. Fe gyrhaeddodd y tîm chwechcd rownd Cwpan Lloegr yn 1974, cyn colli yn erbyn Burnley, un o dîmau gorau'r Adran Gyntaf ar y pryd. Roedden nhw wedi curo Middlesbrough, Crystal Palace a Southampton yn y rowndiau blaenorol. Dave Smallman oedd yn sgorio'r goliau, Mickey yn eu creu, a Joey yn eu rhwystro yn y cefn. Enillwyd Cwpan Cymru a chwaraeodd Wrecsam yn Ewrop am y tro cyntaf. Fe ddaethon nhw hefyd o fewn trwch blewyn i ennill dyrchafiad i'r hen Ail Adran.

Erbyn hynny, roedd Joey wedi gadael am Anfield a gwireddu breuddwyd. Syfrdanwyd y byd pêl-droed pan roddodd Bill Shankly y gorau iddi fel rheolwr ar Lerpwl yn 1974. Yn gyndyn iawn, fe gymerodd Bob Paisley, ei ddirprwy, yr awenau. Fe aeth ati yn araf bach i ailwampio pethau.

Roedd un Cymro yn Anfield yn barod, sef John Toshack, ac yn dawel bach, ar ôl cadw golwg arno am dipyn o amser, fe ddenwyd Joey Jones o Wrecsam am £110,000.

Breuddwyd a ddaeth yn wir i Joey, bellach, oedd ymarfer ochr yn ochr â'i arwyr, Keegan, Callaghan a Tommy Smith, rhai o arwyr mwyaf y Kop. O fewn dim roedd Joey yn un ohonyn nhw a chafodd ei dymor mawr, a mwyaf llwyddiannus, yn ystod 1976-77.

Mae sawl tîm arbennig wedi bod yn Lerpwl dros y blynyddoedd a theg dweud bod y clwb a'r tîm rhwng 1974 a 1990 yn ben ac ysgwydd yn well nag unrhyw un arall ym Mhrydain ac, o bosib, yn Ewrop.

Yn nhymor 1976-77 enillodd Lerpwl y Bencampwriaeth ac fe gyrhaeddon nhw rownd derfynol Cwpan Lloegr yn Wembley ond buont yn anlwcus wrth golli 2-1 yn erbyn Manchester United. Joey greodd y gôl wrth basio'r bêl at Jimmy Case ac yntau'n troi ac yn ei tharanu'r hi heibio i Alex Stepney. Yn ôl Joey, ceisio pasio i Kevin Keegan yr oedd o! Ond colli fu'r hanes. Bedwar diwrnod yn ddiweddarach, yn rownd derfynol Cwpan Ewrop, curwyd Borussia Mönchengladbach 3-1 ac roedd Joey ar ben ei ddigon.

Doedd llwyddiant Joey ddim i bara. Joey fyddai'r cyntaf i gydnabod, fel y soniais yn gynharach, nad y fo oedd y pêl-droediwr gorau i droedio daear Anfield, ond y fo oedd y mwyaf brwdfrydig. Roedd y gystadleuaeth yn ffyrnig a neb am gael ei frifo rhag ofn iddo golli ei le yn y tîm.

Yn Anfield roedd yna chwaraewyr fel Phil Thompson, Emlyn Hughes, Alec Lindsay a Tommy Smith. Wedyn fe ddaeth Alan Hansen o Partick Thistle ac yn ddiweddarach Alan Kennedy o Newcastle.

Ar ôl cyfnod digon cyffrous ymhlith yr holl sêr, roedd Joey ar ei ffordd yn ôl i Wrecsam am £200,000. Roedd ei gêm gyntaf yn erbyn Crystal Palace yn yr Ail Adran. Roedd Wrecsam wedi ennill dyrchafiad erbyn hyn o dan reolaeth Arfon Griffiths oedd wedi cymryd lle John Neal ar ôl i hwnnw adael am Middlesbrough. Roedd y disgwyliadau yn uchel. Roedd y clwb wedi newid yn rhyfeddol; roedd sawl eisteddle newydd; roedd y tîm wedi ennill yr hen Drydedd Adran yn gyfforddus; roedd torfeydd mawr yn eu cefnogi ac roedd chwaraewyr o safon yn y tîm – Dai Davies, John Roberts, Bobby Shinton, Mickey Thomas a Dixie McNeill. Roedd rhai yn disgwyl dyrchafiad i'r Brif Adran. Ond methu â gwneud argraff wnaeth Wrecsam mewn adran uwch. Diflannodd y torfeydd mawr, gwerthwyd y chwaraewyr gorau, gadawodd Arfon Griffiths ac o dan oruchwyliaeth Mel Sutton, aeth Wrecsam i lawr.

Gadael am Chelsea wnaeth Joey, lle'r oedd ei hen reolwr, John Neal, erbyn hynny. Llwyddodd hwnnw i ddenu Mickey Thomas ac Eddie Niedwecki yno hefyd. Yn wir, gan nad oedd Joey a Mickey am fyw yn Llundain arferai'r ddau deithio i lawr o ogledd Cymru gyda'i gilydd gan gysgu weithiau ar y fainc yn yr ystafell newid yn Stamford Bridge.

Ble bynnag yr aeth Joey, roedd o'n ffefryn gyda'r cefnogwyr. Ar ôl dechrau sigledig yn Stamford Bridge, lle cafodd ei wawdio gan gefnogwyr enwog y Shed yn ei gêmau gyntaf, fe dyfodd yn arwr mawr iddyn nhw a hynny, yn eironig ddigon, ar ôl iddo gael ei ddanfon o'r maes mewn gêm yng Nghaerliwelydd! Yr un oedd yr hanes yn Huddersfield. Yr hyn roedd y cefnogwyr yn ei weld oedd yr ymdrech, y cymeriad, yr angerdd yn ei chwarae. Hyd yn oed os oedd Joey yn gwneud ambell gamgymeriad, roedd o'n rhoi cant y cant bob tro, ac roedd y dilynwyr p'un ai yn Anfield, Stamford Bridge neu'r Cae Ras, yn meddwl y byd ohono.

Yn 37 mlwydd oed penderfynodd mai digon oedd digon. Ar ôl ymddeol o chwarae dros Wrecsam, roedd yn parhau i ymuno yn y sesiynau pump bob ochr gyda'r chwaraewyr a chodi pwysau ac ati yn y gym. Syfrdanwyd Joey, a phawb arall, gyda'r newyddion fod yn rhaid iddo gael llawdriniaeth ar ei galon. Ond fel y byddai rhywun yn ei ddisgwyl, doedd o ddim am gwyno, roedd o'n ddewr ac, wrth gwrs, mae o'n parhau i fod yn aelod o staff clwb pêl-droed Wrecsam, er nad ydy'r taclo mor ffyrnig â hynny erbyn hyn!

Ochr yn ochr â chwarae i glwb mor fawr â Lerpwl, roedd o hefyd yn rhan allweddol o garfan Cymru, o ddiwedd y saith degau tan ganol yr wyth degau, gan chwarae o dan reolaeth Mike Smith ac yna Mike England. Mi fu'n rhan o'r tîm chwaraeodd yn y gêm enwog yn erbyn yr Alban yn Anfield yn 1977. Ar y ffordd allan o'r twnnel dyma Joey, yr arwr, yn annog Mickey Thomas i'w ddilyn tuag at y Kop enwog i gyfarch cefnogwyr Cymru. Yn anffodus, roedd y rhan fwyaf o'r Cymry wedi gwerthu eu tocynnau i'r Albanwyr a chafodd y ddau fawr o groeso!

Yn y diwedd enillodd 72 o gapiau, a oedd yn record ar y pryd, a bu fel cymaint o Gymry eraill yn aelod o garfanau ddaeth mor agos i gyrraedd rowndiau terfynol y ddwy brif gystadleuaeth, yn Ewrop a Chwpan y Byd. Mi wnaeth ryw fath o *comeback* pan oedd Terry Yorath yn rheolwr. Pan oedd Cymru yn chwarae yn erbyn Sweden mewn gêm gyfeillgar ar y Cae Ras fe'i gwahoddwyd i fod yn rhan o'r staff yn edrych ar ôl y cit. Derbyniodd Joey y gwahoddiad, a dw i'n ei gofio'n dweud wrtha i, 'Wyt ti'n meddwl fod Rummennige yn gwneud yr un peth i'r Almaen?' – cyfeiriad at un o chwaraewyr gorau'r Almaenwyr oedd hefyd newydd ymddeol!

Mi oedd ei yrfa yn un lliwgar, ac yn un ddadleuol. Mi gafodd ei ddanfon o'r maes sawl tro; mi fu'n boen i sawl dyfarnwr, ond roedd Joey, ar y cae ac oddi arno, yn onest. Roedd o'n gwerthfawrogi'r cyfle roedd wedi ei gael, y fraint o chwarae o flaen y Kop yn Anfield ac o chwarae dros saith deg o weithiau

Chwaraewr llawn tân ac ymroddiad. Ffefryn y cefnogwyr – Mr Wrecsam.

dros ei wlad. Mae o'n parhau i werthfawrogi hynny. Mae'r brwdfrydedd yna o hyd.

Yng ngêm olaf tymor 2007, pan oedd yn rhaid i Wrecsam guro Boston er mwyn aros yng Nghynghrair Lloegr, roedden nhw ar ei hôl hi o gôl i ddim ac roedd eu perfformiad yn ofnadwy. Roedd yna lawer o ysgwyd pen ymysg y cefnogwyr, a sawl un yn anobeithio. Joey Jones aeth i mewn i'r ystafell newid a gadael i'r chwaraewyr wybod beth oedd be. Roedd yr ail hanner lawer gwell ac enillwyd y gêm 3-1. Mi fyddai pêl-droed, a bywyd yn gyffredinol, lawer tlotach heb gymeriadau fel Joey Jones.

Terry Yorath

Enw: Terrence Charles Yorath Dyddiad geni: Mawrth 27, 1950
Safle: Canol cae Man geni: Caerdydd

Clybiau
  1967-76 Leeds United
  1976-79 Coventry City
  1979-81 Tottenham Hotspur
  1981-82 Vancouver Whitecaps, Canada
  1982-85 Bradford City (chwaraewr/hyfforddwr)

Cymru
  1970-81

Rheolwr
  1986-89 Abertawe
  1989-90 Bradford City
  1990-91 Abertawe
  1994-95 Caerdydd
  1995-97 Libanus
  2001-02 Sheffield Wednesday

  1988-93 Cymru

Rhagfyr 1993, a chinio criced yng ngwesty'r Angel yng Nghaerdydd; Mike Gatting oedd y gŵr gwadd. Roeddwn i'n digwydd bod yno gyda Terry Yorath, rheolwr tîm Cymru. Lai na mis ynghynt roedd Cymru wedi colli yn erbyn Romania yng Nghaerdydd o ddwy gôl i un a thrwy hynny wedi colli'r cyfle i gyrraedd rowndiau terfynol Cwpan y Byd yn yr Unol Daleithiau. Roedd Yorath wedi gofyn i mi fynd gydag o gan ei fod eisiau tipyn o gwmni a doedd o ddim yn siŵr sut ymateb fyddai iddo fo. Roedd yr ystafell dan ei sang. Fe gerddodd Yorath i mewn ac fe gododd pawb, ie, pob un, ar eu traed a chymeradwyo'n fyddarol am amser hir iawn. Dyna fesur o boblogrwydd Yorath bryd hynny yng Nghymru. Oedd, roedd Cymru wedi methu cyrraedd y rowndiau terfynol, ond yng ngeiriau Peter Shreeves, dirprwy Terry Yorath, 'It was glorious failure.'

A dyna i chi Terry Yorath: y chwaraewr caled yng nghanol y cae i Leeds o dan arweiniad Don Revie, y pêl-droediwr a oedd, yn ystod y saith degau a'r wyth degau cynnar, yn ymgorfforiad o Gymro twymgalon, ac eto mewn cwmni, yn ŵr tawel ac ansicr.

Bachgen o Gaerdydd ydy Tery Yorath. Rygbi oedd y brif gêm yn yr ysgol yr aeth o iddi, ond pêl-droed oedd ei gariad o. Fel John Charles a Gary Sprake, fe'i denwyd i Elland Road, a phan ymunodd â Leeds United roedd y clwb ar drothwy un o'r cyfnodau mwyaf llwyddiannus, llewyrchus a dadleuol yn hanes y clwb. Bu'n brentis gyda'r clwb cyn llofnodi'n broffesiynol yn 1967.

Roedd Don Revie wedi trawsnewid clwb pêl-droed Leeds yn llwyr. O fod yn agos at waelodion yr hen Ail Adran roedden nhw erbyn hyn ymysg y goreuon ym Mhrydain ac, ar eu dydd, yn Ewrop. Ond yn sicr, chawson nhw mo'u haeddiant o ran ennill tlysau, yn boddi ar gymaint o adegau wrth ymyl y lan. Roedd y chwaraewyr yn hynod o agos at ei gilydd; roedd yna awyrgylch deuluol o fewn y clwb a Revie yn eu hamddiffyn rhag pob beirniadaeth. Y tu allan i Elland Road doedd yna fawr o gariad tuag atyn nhw. Yn wir, dyw hi ddim yn ormod i ddweud bod y rhan fwyaf o gefnogwyr pêl-droed yn eu casáu! A dyna pam, mae'n debyg, nad oes yna fawr o gydymdeimlad yn gyffredinol â nhw heddiw gyda'u problemau ar ac oddi ar y cae. Mae ganddyn nhw ddyledion lu ac mae'r tîm yn yr Adran Gyntaf. Ar ben hynny, mae'r rhai fu'n gyfrifol am ddinistrio'r clwb wedi golchi eu dwylo o'r holl fusnes ond maent yn dal i ymwneud â phêl-droed.

Ond roedd Leeds United o dan arweiniad Revie yn dîm da ac yn wych ar brydiau; er enghraifft pan enillon nhw 7-0 yn erbyn Southampton. Ond bois bach, roedden nhw hefyd yn galed, yn gorfforol ac, yn nhyb llawer, yn dîm budr. Yng nghanol chwe degau'r ganrif ddiwethaf roedd yr Albanwr Bobby Collins, a chwaraeai yng nghanol y cae, yn symbol perffaith o hyn. Erbyn i Leeds ennill y Bencampwriaeth am y tro cyntaf yn 1969, y Cymro, Gary Sprake (gôl-geidwad), Billy Bremner, Terry Cooper, Jack Charlton, Paul Madeley, Norman Hunter a Johnny Giles oedd y sêr – chwaraewyr mwy dawnus na Collins, ond yr un mor gorfforol!

Mewn sawl ystyr, ffigwr ymylol oedd Terry Yorath yn y sefyllfa hon, yn gorfod cystadlu â chwaraewyr fel Mick Bates am safle ar y fainc. Erbyn iddo lwyddo o'r diwedd i fod yn aelod gweddol gyson o'r tîm cyntaf, roedd Leeds wedi colli llawer o'u grym. Ond roedd hi'n anodd ar y naw anwybyddu Yorath. Gyda'i wallt hir, melyn, roedd o fel teigar yng nghanol y cae – yn ŵr cadarn a chystadleuol, a'i daclo'n ffyrnig ac, yn wir, yn anghyfreithlon ar brydiau.

Er cystal tîm oedd gan Revie, ac er iddo ennill pencamp-wriaeth a chwpanau, chafodd o ddim llwyddiant ar y prif lwyfan yn Ewrop. Roedd Revie wedi gadael y clwb er mwyn bod yn rheolwr ar Loegr pan gyrhaeddodd Leeds rownd derfynol Cwpan Ewrop yn 1975. Cyn-amddiffynnwr Blackpool a Lloegr, Jimmy Armfield, oedd y rheolwr pan gamodd Leeds allan i'r maes ym Mharis i chwarae yn erbyn Bayern Munich. Colli 2-0 fu'r hanes y noson honno, a chefnogwyr Leeds yn dwyn anfri ar y clwb wrth iddyn nhw fynd ati i geisio malu'r stadiwm er mwyn mynegi eu siom.

Gyda nifer o'r sêr yn gadael, neu'n ymddeol oherwydd oedran, penderfynodd Yorath, hefyd, symud ymlaen. Bu gyda Coventry am dair blynedd, yna Tottenham am ddwy, cyn cefnu ar Brydain a mynd draw i Ogledd America a Chanada i chwarae

49

dros Vancouver Whitecaps. Mae o'n sôn mai dyma un o'r cyfnodau hapusaf yn ei fywyd. Er iddo effeithio ar ei statws o fewn y tîm cenedlaethol, o ran bodlonrwydd a hapusrwydd teuluol, roedd wrth ei fodd â'r ffordd o fyw allan yn Vancouver. Serch hynny, byr fu'r arhosiad yno cyn iddo droi ei sylw at hyfforddi. Dychwelyd i Swydd Efrog wnaeth o, sef ei gartref byth ers iddo adael Caerdydd a Chymru. Roedd cyfaill iddo, a chynaelod o Leeds, Trevor Cherry, wedi derbyn y swydd o fod yn rheolwr ar Bradford ac roedd o am i Yorath fod yn ddirprwy iddo. Derbyniodd y gwahoddiad. Mi fu'n bartneriaeth lwyddiannus gyda'r tîm yn ennill yr hen Drydedd Adran ac ym mis Mai 1985 roedd y gêm olaf gartref yn erbyn Lincoln City – gêm i ddathlu ennill y Bencampwriaeth.

Ond trasiedi a gafwyd ar faes Valley Parade y p'nawn hwnnw. Cyn yr holl newidiadau a wnaed i feysydd pêl-droed ym Mhrydain yn sgil trychineb Hillsborough yn 1989, digon cyffredin oedd safon y cyfleusterau. Yn wir, roedd y rhan fwyaf ohonynt, o ran bwyd, moethusrwydd, toiledau ac yn y blaen, yn warthus. Ond roedd hynny, rywsut, yn rhan o'r apêl. Roedd Valley Parade dan ei sang y diwrnod hwnnw ym mis Mai 1985, mwy o gefnogwyr yno nag arfer gan fod y clwb yn dathlu. Lloriau pren a seddi pren oedd yn y prif eisteddle ac roedd pob math o sbwriel wedi ymgasglu o dan y seddi, yn cynnwys papur. Pan ddisgynnodd sigarét i ganol y papur, o fewn eiliadau roedd yr eisteddle'n wenfflam a lladdwyd 56 o gefnogwyr. Ymhen pythefnos cafwyd trychineb arall yn Heysel, ym Mrwsel, pan laddwyd 39 o gefnogwyr Juventus wrth geisio dianc rhag cefnogwyr Lerpwl. Dyddiau du oedd y rhain i bêl-droed.

Erbyn hyn roedd Terry Yorath yn ysu am fod yn rhif un, sef yn rheolwr ei hun, a derbyniodd wahoddiad gan Doug Sharpe i ddod yn rheolwr ar glwb Abertawe, a oedd, yn 1986, yn ôl yn yr hen Bedwaredd Adran. Dyma'r tîm oedd wedi esgyn o'r Bedwaredd i'r Gyntaf mewn pum tymor o dan reolaeth John Toshack, ac wedi gwneud y daith am yn ôl yr un mor sydyn.

Ymladdwr digyfaddawd dros glwb a gwlad.

Bu Yorath yn weddol lwyddiannus gan ennill dyrchafiad, ond gyda'r tîm yn gwneud yn dda yn y Drydedd Adran, yn sydyn, fe gafodd gynnig i ddychwelyd i Bradford – y tro yma fel rheolwr ar ei liwt ei hun. Teimlai bod hyn yn gyfle rhy dda i'w golli, ac i ffwrdd ag o. Sut bynnag, ymhen blwyddyn fe gafodd y sac. Er nad oedd yna fawr o Gymraeg rhyngddo fo ac Abertawe erbyn hyn, a Doug Sharpe yn anhapus iawn gyda'r modd yr oedd o wedi gadael y clwb, dychwelyd i'r Vetch wnaeth Yorath. Ond cam ffôl oedd hynny. Ar ôl i Abertawe golli naw gêm yn olynol, fe gafodd Yorath y sac unwaith eto. Erbyn heddiw, go brin y caiff swydd gyda chlwb arall yng Nghynghrair Lloegr. Ac eto roedd hi'n stori wahanol ar lefel ryngwladol, fel chwaraewr ac fel rheolwr. Ym marn llawer o gefnogwyr y tîm cenedlaethol yn y saith degau, Yorath oedd Cymru. Roedd yn benderfynol, yn wlatgarol, caled, brwdfrydig ac yn barod iawn i annog eraill, a rhoi pryd o dafod pan oedd angen hynny.

A dyma'r cyfnod pan oedd yna dipyn o siâp ar y tîm cenedlaethol am y tro cyntaf erioed. Roedd Dave Bowen wedi bod yn rheolwr rhan amser ond yn nechrau'r saith degau fe benodwyd y Sais, gŵr bonheddig ar y naw, Mike Smith, yn rheolwr llawn amser. Fe drawsnewidiodd o bopeth am bêl-droed ar lefel ryngwladol. Roedd y chwaraewyr yn cael eu trin yn well o ran ymarfer, llety, gwisg – ar y cae ac oddi arno – ac ar ben hynny, roedd o ei hun yn hyfforddwr penigamp. Roedd o'n gymorth fod ganddo garfan yn llawn cymeriadau, fel Dai Davies, Leighton Phillips, John Mahoney, Brian Flynn, John Toshack, Joey Jones, Mickey Thomas ac, wrth gwrs, Terry Yorath. A Yorath oedd ei gapten o.

Dyma gnewyllyn y garfan gyrhaeddodd rownd wyth olaf Pencampwriaethau Ewrop yn 1976 ar ôl gorffen ar frig grŵp oedd yn cynnwys Awstria, Hwngari a Lwcsembwrg. Bryd hynny, doedd y rowndiau terfynol ddim yn cael eu chwarae mewn un wlad; fformat cystadleuaeth gwpan oedd y drefn o'r wyth olaf ymlaen. Gwobr Cymru oedd dwy gêm yn erbyn Iwgoslafia, tîm talentog ond tanllyd, a chollwyd y gêm gyntaf 2-0 oddi cartref. Gartref, yn yr ail gymal, aeth popeth o chwith i'r Cymry gyda phenderfyniadau dadleuol y dyfarnwr o Ddwyrain yr Almaen, Ruddi Glockner, yn cynddeiriogi'r chwaraewyr a'r dorf. Collodd Yorath ei ben, braidd, y diwrnod hwnnw, ac mae'n syndod iddo gael aros ar y cae. Fe fethodd gic o'r smotyn, un o'r gwannaf, dw i'n siŵr, a welwyd erioed ar Barc Ninian. Cyfartal oedd hi, un yr un, a Chymru allan ar gyfanswm goliau. Yn sgil ymddygiad y dorf y diwrnod hwnnw gorfodwyd Cymru i chwarae eu gêm nesaf, yn erbyn yr Alban, gant a hanner o filltiroedd i ffwrdd o Barc Ninian, yn Anfield.

Bu Yorath yn gapten gwych i Mike Smith. A phwysig nodi fan hyn gyfraniad Smith i bêl-droed yng Nghymru. Gwaetha'r modd, mi fydd y to iau o ddarllenwyr yn ei gofio am ei ail gyfnod wrth y llyw, a hynny yn dilyn ymadawiad disymwth John Toshack ar ôl un gêm yn erbyn Norwy yn 1994. Smith gymerodd yr awenau bryd hynny ond roedd y gêm wedi newid yn fawr. Chafodd o mo'r gefnogaeth roedd o'n ei haeddu gan y chwaraewyr. Ond yn y saith degau fe osododd Mike Smith seiliau cadarn i'w olynydd, Mike England, pan ddaeth hwnnw'n rheolwr ar Gymru yn 1979.

O dan Mike England, Yorath, unwaith eto, oedd y dewis cyntaf fel capten, ond does dim dwywaith i'w benderfyniad i fynd i Ganada i chwarae dros Vancouver, effeithio ar ei statws o fewn y garfan genedlaethol. Ar ôl bod yng Ngogledd America ei hun, roedd England o'r farn nad oedd y bêl-droed yno o safon ddigonol fel paratoad ar gyfer pêl-droed ryngwladol. Er mai Yorath oedd y capten, penderfynodd y rheolwr beidio â'i ddefnyddio ym mhob gêm. Cafwyd enghraifft o hyn yn 1981 yn erbyn Gwlad yr Iâ ar y Vetch. Pan oedd gwir angen Terry Yorath allan ar y cae, yn ysbrydoli ei chwaraewyr, roedd o'n eistedd ar y fainc wrth ymyl ei reolwr. Dwy yr un oedd y sgôr, ac aeth Cymru allan o'r gystadleuaeth.

Mae profiad Ian Walsh yn enghraifft wych o ddylanwad Terry Yorath ar y cae. Mae'r cyn-flaenwr, oedd yn chwarae i Crystal Palace yn yr wyth degau cynnar, yn cofio un o'i gêmau cyntaf dros Gymru. Bryd hynny, roedd gan Palace dîm ifanc llawn potensial, gyda Terry Venables yn rheolwr. Roedd Walsh yn seren yn y tîm hwnnw, yn sgorio goliau di-ri, a rhwydodd yn gyson ar ddechrau ei yrfa dros Gymru, hefyd. Mewn gêm ar y Vetch yn erbyn Gweriniaeth Iwerddon roedd wedi sgorio gôl ac yn chwarae'n dda. Ceisiodd fod yn glyfar unwaith yn rhagor ond collodd feddiant yng nghanol y cae. Yn sydyn, dyma gyfarchiad byr, brathog gan Yorath. Cheisiodd Ian Walsh ddim bod yn glyfar ar ôl hynny!

Wrth ystyried cymeriad Yorath fel chwaraewr dros Gymru roedd hi'n ddewis naturiol mai y fo fyddai olynydd Mike England fel rheolwr ar Gymru, yn enwedig gan ei fod ar y pryd yn dangos addewid yn ei swydd lawn gyntaf gydag Abertawe.

Ond gan fod Mike England mor boblogaidd gyda'r chwaraewyr, mi fu'n anodd iawn ar Yorath ar y dechrau gyda Chymru. Roedd o am newid pethau, cynnig mwy o ddisgyblaeth, gosod ei stamp ar y garfan, ond doedd y chwaraewyr hŷn, profiadol, ddim am ildio a newid i Terry Yorath. Bu'n rhaid iddo gyfaddawdu. Llaciodd ei afael, gan alw'r chwaraewyr at ei gilydd ar nos Iau cyn gêm ar y dydd Mercher canlynol, a rhoi rhwydd hynt iddyn nhw tan fore Sul.

Yn wir, ar ôl un gêm roedd o bron â rhoi'r ffidil yn y to. Yn 1988 roedd Cymru wedi colli 1-0 yn Helsinki yn erbyn y Ffindir. Doedd o ddim yn berfformiad da. Hyd yn oed bryd hynny, fel heddiw am ryw reswm, mae disgwyl i Gymru ennill pob gêm! Y bore canlynol roedd Yorath yn isel ei ysbryd. Doedd o ddim yn gallu gweld unrhyw dalent ifanc yn dod trwodd ar gyfer y dyfodol. Ni fedrai enwi un ar ddeg o chwaraewyr fyddai'n gallu cynrychioli tîm dan un ar hugain Cymru. Fe eisteddon ni i gyd i lawr gydag o, criw bach o'i ffrindiau yn cynnwys y cyn-golwr Dai Davies, yn crafu'n pennau. Dyna pryd y sylweddolodd Terry Yorath fod yn rhaid gwneud rhywbeth.

A bod yn deg â Yorath, yn wahanol i sawl rheolwr, roedd ganddo wir ddiddordeb yn y gêm yng Nghymru ac roedd o'n barod i genhadu ymhlith y clybiau bach er mwyn codi eu brwdfrydedd a'u hysbryd. Yn 1991, Yorath oedd y rheolwr pan lwyddodd Cymru i guro Gorllewin yr Almaen 1-0 yng Nghaerdydd pan sgoriodd Ian Rush. Yr Almaen bryd hynny oedd yn Bencampwyr y Byd. Cyn yr ail gêm yn Nuremburg fe drefnais i fod Terry Yorath a'r swyddog hyfforddi, Jimmy Shoulder, yn ymweld â chlwb pêl-droed Porthmadog. Newydd ei sefydlu oedd y Cynghrair Cenedlaethol ac roedd clwb Port, gyda Meilir Owen yn rheolwr, yn aelodau o'r cychwyn cyntaf. Fe aethon ni i'r traeth, lle y cynhaliodd Yorath y ddwy sesiwn hyfforddi gyda'r chwaraewyr cyn cael noson hwyliog o holi ac ateb mewn gwesty ym Mhorth-y-gest. Fe wnaeth yr un peth yn Aberystwyth y noson ganlynol. A deuddydd cyn y gêm yn erbyn Romania yn 1993, fe gynhaliodd sesiwn ymarfer a sesiwn holi ac ateb gyda disgyblion Ysgol Gyfun Glantaf yng Nghaerdydd.

Tra oedd Yorath yn rheolwr, llwyddodd Cymru i guro Brasil yng Nghaerdydd, a fo roddodd ei gap cyntaf i Ryan Giggs yn Nuremburg yn erbyn yr Almaen yn 1991. Y nod wedyn, i Yorath a Chymru, oedd Cwpan y Byd yn yr Unol Daleithiau yn 1994.

Collwyd y gêm gyntaf yn y gystadleuaeth honno. Yn wir, cafwyd cweir ym Mwcarést – roedd Cymru ar ei hôl hi 5-0 ar yr egwyl! Ond lai na phythefnos wedi hyn rhoddwyd yr holl beth yn ei gyd-destun pan bu farw Daniel, mab pymtheng mlwydd oed Terry Yorath, tra oedd yn cicio pêl gyda'i dad yn yr ardd gefn. Dyw geiriau ddim yn addas i ddisgrifio teimladau Yorath a'i deulu. Beth sydd yn anhygoel yw iddo benderfynu dal ati fel rheolwr ar Gymru, a hyd heddiw alla i ddim yn fy myw â deall pam na chafodd o gytundeb arall gan y Gymdeithas Bêl-droed ar ôl y methiant yn erbyn Romania, petai ond fel arwydd o gydymdeimlad am yr hyn roedd o wedi ei wynebu yn ei fywyd personol.

Ond, yn ôl â ni at y gêm dyngedfennol honno yn erbyn Romania yng Nghaerdydd ym mis Tachwedd, 1993 – Neville Southall yn gwneud camgymeriad ofnadwy, Paul Bodin yn methu cic o'r smotyn, a chefnogwr yn cael ei ladd ar y chwiban olaf. Dyna sy'n crynhoi digwyddiadau'r gêm honno. Ond er y methiant a'r siom, roedd Yorath yn uchel ei barch. Roedd y wasg yn ei gefnogi; roedd y rhan fwyaf o'r cefnogwyr yn teimlo ei fod yn haeddu cyfle arall ac, yn sicr, mi oedd ganddo gefnogaeth y chwaraewyr. Dim ond un criw oedd yn ei wrthwynebu. Yn anffodus, nhw oedd â'r gair olaf – Cymdeithas Bêl-droed Cymru.

A'r penderfyniad yn gynnar yn 1994 oedd nad oedd adnewyddu i fod ar gytundeb Terry Yorath. Dyma gyfnod du yn hanes y gêm: dadlau ffyrnig; anghydweld; ymosodiadau personol yn y wasg, a'r ffars o benodi John Toshack yn rheolwr – ac yntau'n rheoli Real Sociedad ac yn byw yn San Sebastian. Y canlyniad oedd blynyddoedd yn y diffeithwch ar y lefel ryngwladol.

Dianc i Beirut wnaeth Yorath, i fod yn rheolwr ar Libanus. Mynd i anghofio, mynd i ddianc, pwy a ŵyr, ond y gwir yw tra oedd Yorath yn rheolwr yno, roedd Libanus, am gyfnod, yn uwch na Chymru o ran eu statws yn nhabl FIFA.

Ond wedi marwolaeth ei fab doedd pethau byth yr un peth i Terry Yorath. Sut gallen nhw fod?

Yn fwy diweddar mae'r penawdau wedi bod am or-yfed, am salwch, tor-priodas a damwain car pan fu bron iddo ladd gwraig. Bu'n ffodus i osgoi carchar. Erbyn hyn, er ei fod o'n gwneud jôc o'r peth, mae o'n teimlo ei fod yn cael ei adnabod fel Terry Yorath, tad Gabby Logan, y gyflwynwraig deledu.

A dyna ni eto, y Yorath swil – delwedd gadarn ac eto, mewn sawl ystyr, mor ansicr.

(Western Mail & Echo)

John Toshack

Enw: John Benjamin Toshack   Dyddiad geni: Mawrth 22, 1949
Safle: Blaenwr   Man geni: Caerdydd

Clybiau
  1966-70 Caerdydd
  1970-78 Lerpwl
  1978-84 Abertawe

Cymru
  1969-80

Rheolwr

1978-83	Abertawe		1997-99	Besiktas
1983-84	Abertawe		1999	Real Madrid
1984-85	Sporting		2000-01	St Etienne
1985-89	Real Sociedad		2001-02	Real Sociedad
1989-90	Real Madrid		2002-03	Calcio Catania
1990-94	Real Sociedad		2004	Real Murcia
1994	Cymru		2004-	Cymru
1995-97	Deportivo La Coruna			

Pan nad oeddwn i'n chwarae pêl-droed, yna mi oeddwn i'n trafod pêl-droed bob munud sbâr – gartref, ac ar iard yr ysgol. Treiliwn oriau yn dadlau am y tîmau gorau a'r chwaraewyr gorau. Roedd pawb yn gytûn ar un peth – braf o beth fyddai pe bai mwy o Gymry'n chwarae i'r clybiau mawr. Ar ddechrau'r saith degau, y clybiau mawr oedd Manchester United, Lerpwl, Everton, Arsenal a Leeds – ac yn 1970 doedd yna yr un Cymro'n chwarae iddyn nhw'n rheolaidd!

Un amser cinio daeth y newyddion fod Lerpwl wedi prynu bachgen ifanc un ar hugain oed o Gaerdydd am £110,000. Y gŵr ifanc dan sylw oedd John Toshack. Roedd Toshack yn arwr ar Barc Ninian. Chwaraeodd ei gêm gyntaf dros y tîm cyntaf pan oedd ond yn un ar bymtheg mlwydd oed, a chyn ei fod yn ugain oed roedd wedi sgorio dros gant o goliau i'r Adar Gleision. Roedd o'n rhan allweddol o dîm yr Albanwr caled, Jimmy Scoular, oedd yn rheoli ar y pryd yng Nghaerdydd. Roedden nhw ymysg y ceffylau blaen am dymhorau yn yr hen Ail Adran, yn brwydro am ddyrchafiad gyda chlybiau fel Millwall a Sheffield United. Ac yn y tymor arbennig yma, gyda phartneriaeth ffrwythlon rhwng Toshack a Brian Clarke, roedd hi'n ymddangos fod Caerdydd am esgyn.

Yna daeth y penderfyniad a barodd i lawer o'r cefnogwyr golli ffydd yn y clwb unwaith ac am byth. Fe werthwyd eu seren ifanc i Lerpwl, ac fe gollodd Caerdydd eu cyfle i esgyn i'r Adran Gyntaf.

Dw i'n cofio pan ymunais i ag Adran Chwaraeon y BBC yn 1983, roedd y diweddar Howard Spriggs, wnaeth gymaint dros bêl-droed ieuenctid yng Nghymru, ac oedd yn gefnogwr brwd a selog o Gaerdydd, yn mynnu fod problemau'r clwb dros y blynyddoedd canlynol, a'r diffyg cefnogaeth ar Barc Ninian, i'w wneud yn uniongyrchol â gwerthu Toshack. Yn ddiddorol, amlygwyd yr un sefyllfa eto, flynyddoedd yn ddiweddarach, pan werthwyd Robert Earnshaw, Danny Gabbidon, James Collins, Graeme Kavanagh, Cameron Jerome a Michael Chopra.

Yn ôl yn Anfield, roedd Bill Shankly yn ailadeiladu ei dîm. Roedd y tîm cyntaf llwyddiannus, a oedd wedi ennill dwy Bencampwriaeth a Chwpan Lloegr, yn heneiddio. Ond wedi colli gêm yn chweched rownd Cwpan Lloegr yn erbyn Watford yn 1970, roedd chwaraewyr megis Ian St John, Ron Yeats, Geoff Strong a Tommy Lawrence, wedi colli eu statws yn y tîm cyntaf. Eisoes roedd arwr mawr y Kop, Roger Hunt, wedi gadael am Bolton. Roedd Shankly rŵan yn rhoi cyfle i'r to ifanc, Steve Heighway, Brian Hall, John McLaughlin, Bobby Graham, Larry Lloyd ac Alun Evans, a brynywd o Wolverhampton Wanderers am £100,000 – cyflog wythnos i rai, erbyn hyn, ond yn record bryd hynny am fachgen deunaw mlwydd oed. A denwyd Toshack i Anfield am £110,000. Chymerodd hi fawr o amser i Toshack setlo. Wrth natur mae o'n ŵr hyderus, sicr ohono'i hun, ac roedd angen bod felly yn yr ystafell newid yn Lerpwl. Enillodd barch a chalonnau y miloedd oedd yn sefyll ar y Kop mewn un gêm yn fuan ar ôl ymuno, yn erbyn yr hen elyn, Everton.

Everton, ar y pryd, oedd yn bencampwyr, a Lerpwl ond yn dîm ifanc addawol. Mewn gêm *derby* yn Anfield, roedd Lerpwl ar ei hôl hi o ddwy i ddim gyda rhyw ugain munud i fynd. Alan Ball a Johnny Morrisey oedd wedi sgorio. Ond dyma Steve Heighway yn sgorio gôl i Lerpwl, ac yna, wedi rhediad i lawr yr asgell chwith ganddo, croesodd i ganol y cwrt cosbi ac yno roedd John Toshack, yn neidio fel eog a phenio'n rymus i gefn y rhwyd,. Aeth Anfield yn wyllt. Yna creodd Toshack gôl i Chris Lawler a sgoriodd gôl arall ei hun yn y munudau olaf. Dyna un o'r gêmau mwyaf cyffrous a welwyd erioed rhwng y ddau dîm, a Toshack, yn sicr, wedi ei dderbyn gan y Kop. Erbyn dechrau'r tymor newydd roedd Shankly wedi prynu chwaraewr ifanc oedd i gael dylanwad mawr nid yn unig ar Lerpwl ond ar yrfa Toshack ei hun. Kevin Keegan o glwb Scunthorpe oedd hwnnw, a Lerpwl yn talu £35,000 amdano.

Fel Batman a Robin, Morecombe a Wise, Ryan a Ronnie, dyma i chi bartneriaeth go iawn – Toshack a Keegan. Yn wir, gymaint oedd y ddealltwriaeth rhyngddynt, roedd rhai yn amau fod yna berthynas delepathic rhyngddyn nhw. Ac fe aeth y ddau ar y rhaglen deledu *Kick Off* ar Granada i gynnal arbrawf. Roedd Keegan yn fach ac yn gyflym; Toshack yn dal ac yn bwyllog. Yn sicr, cryfder Toshack oedd penio'r bêl, ond roedd ganddo sgiliau

(Western Mail & Echo)

arbennig gyda'i draed, hefyd, nad oedd bob amser yn cael eu gwerthfarwogi. Wedi rhyw saith mlynedd heb dlws, mi fyddai rheolwr heddiw yn colli ei swydd. Ond bryd hynny roedd cyfarwyddwyr a chefnogwyr yn fwy amyneddgar. Roedden nhw'n gweld be oedd Shankly yn ceisio'i wneud – adeiladu, fesul darn, dîm ifanc a fyddai, ar ôl cyrraedd ei lawn botensial, yn llwyddiannus am flynyddoedd. Y nod o hyd oedd gosod seiliau cadarn. Dyna paham nad yw clybiau heddiw, fel Newcastle a Manchester City, er yn denu cefnogaeth anferth, ddim yn ennill dim – dyw'r rheolwr byth yn cael mwy na rhyw ddau dymor i adeiladu carfan.

Yn 1973 enillodd Lerpwl Bencampwriaeth yr Adran Gyntaf am y tro cyntaf er 1966, ac ychwanegwyd Cwpan UEFA, hefyd. Chwaraeodd Toshack ran amlwg yn y fuddugoliaeth dros Borussia Mönchengladbach, tîm gwych o Orllewin yr Almaen, oedd yn cynnyws un o chwaraewyr canol cae gorau'r byd, Gunter Netzer. Yng ngêm gyntaf y cymal yn Anfield, doedd Toshack ddim yn y tîm – a doedd o ddim yn hapus! Ar ôl rhyw ugain munud, a hithau'n ddi-sgôr, cafwyd storm ofnadwy; aeth Anfield dan ddŵr a phenderfynodd y dyfarnwr ohirio'r gêm a'i hail-chwarae y noson ganlynol. I mewn â Toshack at Shankly a chwyno. P'un a gafodd hynny ddylanwad ar benderfyniad Shankly ai peidio, y noson ganlynol roedd Toshack yn y tîm! Doedd gan yr Almaenwyr ddim syniad sut i ddelio â gallu Toshack yn yr awyr; creodd ddwy gôl i Kevin Keegan, sgoriodd Peter Cormack un arall, ac enillodd Lerpwl 3-0. Yn y diwedd, ar ôl ail gêm y cymal oddi cartref, enillodd Lerpwl y gystadleuaeth ar gyfanswm goliau 3-2.

A dwi'n credu fod y noson honno yn crynhoi gyrfa Toshack yn Anfield – o hyd ac o hyd yn gorfod brwydro i gyfiawnhau ei le yn y tîm, p'un ai Bill Shankly neu Bob Paisley oedd yn rheolwr. Am gyfnod, roedd Phil Boersma yn fygythiad iddo, ac yna Alan Waddle a Ray Kennedy, a brynwyd o Arsenal, a'r chwaraewr olaf i Shankly ei brynu cyn synnu pawb ac ymddeol. Yn eironig iawn,

---

Anaml y byddai unrhyw un yn cael y gorau ar John Toshack yn yr awyr. Gwnaeth enw iddo'i hun fel rheolwr gyda Real Madrid; ei uchelgais – a'i her fwyaf – yw arwain Cymru i lwyddiant.

aeth y tri ymlaen i chwarae dros Toshack yn Abertawe, felly mae'n amlwg nad oedd o'n dal dig. Wedi Kennedy daeth David Johnson yn fygythiad. Yn wir, ar un cyfnod yn 1975, roedd hi'n ymddangos bod Toshack ar ei ffordd i Leicester City. Bu Toshack yn Filbert Street yn cyfarfod â rheolwr Leicester, Jimmy Bloomfiled. Cytunwyd ar delerau ond methodd brawf ffitrwydd – roedd ganddo broblem gyson gyda'i glun. Beth bynnag, yn syth wedyn, roedd o yn ôl yn Anfield, a'r Sadwrn canlynol fe sgoriodd yn erbyn Sheffield United.

Yn 1976, enillodd Lerpwl y Bencampwriaeth a Chwpan UEFA unwaith eto. Toshack sgoriodd un o'r goliau sicrhaodd y Bencampwriaeth yn erbyn Wolves yn Molyneux.

Y tymor canlynol enillodd Lerpwl Gwpan Ewrop yn Rhufain. Unwaith eto Borussia Mönchengladbach oedd y gwrthwynebwyr, a hon oedd gêm olaf Kevin Keegan dros Lerpwl cyn symud i Hamburg. Ond doedd Toshack ddim hyd yn oed ar y fainc y tro hwn. Roedd wedi ei anafu yn rownd yr wyth olaf yn erbyn St Etienne o Ffrainc, un o'r nosweithiau Ewropeaidd mwyaf cofiadwy yn hanes y clwb, a dyna ei gyfraniad am y tymor ar ben. Roedd hi'n amlwg ei fod dan fwy o bwysau nag erioed yn Anfield ac yntau ond yn wyth ar hugain mlwydd oed.

Aeth Keegan i'r Almaen, a phrynodd Lerpwl Kenny Dalglish o Celtic am £500,000. Chwaraeodd Toshack a Dalglish un neu ddwy o gêmau fel partneriaeth ond, yn yr Hydref, roedd Toshack ar ei ffordd. Roedd clybiau o'r Adran Gyntaf am ei brynu ond roedd hi'n ymddangos yn sicr y byddai Toshack yn dychwelyd i Gaerdydd. Aeth i lawr i Barc Ninian i drafod y posibilrwydd o fod yn chwaraewr-hyfforddwr. Jimmy Andrews oedd y rheolwr ar y pryd ac mae'n siŵr ei fod yn gweld Toshack fel bygythiad i'w ddyfodol, yn ddigon naturiol. Yn sicr, doedd o ddim am weld Toshack ar y staff! Dim digon o brofiad oedd y rheswm swyddogol; ofn Toshack oedd y rheswm go iawn. Felly i lawr â fo, ychydig dros ddeugain milltir yn bellach – i'r Vetch – i gynnal trafodaethau gyda chadeirydd Abertawe, Malcolm Struel.

Erbyn heddiw mae Abertawe yn glwb sydd yn chwarae mewn stadiwm foethus yn Stadiwm Liberty, ac yn glwb gweddol lewyrchus. Pan aeth Toshack yno yn 1978, roedd y clwb i lawr yng ngwaelodion yr hen Bedwaredd Adran. Nid rhywle ble byddech chi'n disgwyl gweld chwaraewr oedd newydd ennill Pencampwriaeth yr Adran Gynytaf a Chwpan Ewrop! Ond mae Toshack yn mwynhau her, ac ar ôl gwylio gêm yn Spotland rhwng Rochdale ac Abertawe gyda'i gyfaill, y diweddar Emlyn Hughes, penderfynodd wynebu'r her o fod yn rheolwr ar glwb Abertawe.

Roedd yna dros 16,000 ar y Vetch i weld ei gêm gyntaf yn erbyn Watford, ceffylau blaen yr Adran, a'r gêm yn gorffen yn gyfartal, tair yr un. A dw i'n siŵr nad oedd unrhyw un oedd yn y gêm y noson honno yn rhagweld beth fyddai'n digwydd o fewn y pum mlynedd nesaf. O waelodion y Bedwaredd Adran fe gyrhaeddodd Abertawe frig Cynghrair Lloegr. Stori dylwyth teg go iawn. Prin iawn yw'r clybiau sydd wedi gwneud hynny – Watford o dan Graham Taylor; Wimbledon hefyd ac, yn y chwe degau, Northampton Town, a Chymro'n rheolwr, Dave Bowen – oedd yn digwydd bod yn rheolwr rhan amser ar Gymru hefyd.

Ond yn ôl â ni i'r Vetch. Yr hyn oedd wedi cydio yn nychymyg pawb ynglŷn â stori Abertawe oedd y modd y daeth y llwyddiant. Denwyd chwaraewyr o Lerpwl, Tommy Smith ac Ian Callaghan, i ennill dyrchafiad o'r Bedwaredd Adran; cafwyd mwy o brofiad i sicrhau llwyddiant yn y Drydedd, gyda Tohsack ei hun yn dod oddi ar y fainc i benio'r gôl bwysig ar y Vetch yn erbyn Chesterfield. Ac yna, wedi dau dymor yn yr Ail Adran, sicrhawyd dyrchafiad yn Deepdale yn erbyn Preston. Roedd Abertawe yn yr Adran Gyntaf – anhygoel! A mawr, rŵan, oedd y disgwyl am y gêmau yn erbyn Leeds, Manchester United, Arsenal, Everton ac, yn bennaf, Lerpwl. Roedd Bill Shankly, wrth gwrs, wedi dylanwadau'n fawr ar yrfa a bywyd Toshack, a disgrifiodd y Cymro fel rheolwr gorau'r ganrif.

Mor eironig, felly, yn yr wythnos cyn ymweliad Abertawe ag Anfield ar Hydref 3 1981, bod Bill Shankly wedi marw o drawiad ar y galon. Sioc i bawb. Roedd Shanks yn un o'r bobl hynny nad oes disgwyl iddyn nhw farw. Roedd yr emosiwn yn Anfield y Sadwrn hwnnw yn drydanol – pawb dan deimlad; munud o dawelwch, ac yna Toshack yn tynnu ei dracwisg ac yn dangos ei fod yn gwisgo crys coch Lerpwl gyda rhif 10, rhif Toshack, ar ei gefn. Yr eiliad honno roedd hi'n sicr y byddai Toshack, ryw ddydd, yn rheolwr ar Lerpwl. Dwy yr un oedd y sgôr. Ddau fis yn ddiweddarach, dros y Nadolig, roedd Lerpwl yn ddeuddegfed yn yr Adran a phwysau aruthrol ar Bob Paisley y rheolwr newydd. Cynigiwyd y swydd i Toshack ac roedd sôn ei fod am dderbyn. Beth bynnag, fe drodd lwc Lerpwl ac ar ddiwedd y tymor, roedden nhw'n gyntaf yn yr Adran, ac Abertawe'n chweched. Gyda hyn fe ddiflannodd cyfle Toshack i reoli Lerpwl.

Yn anffodus i Toshack, oherwydd problemau ariannol a diffyg cefnogaeth ar y teras, arhosodd Abertawe ddim ar y brig yn hir. Talwyd pris aruthrol am y llwyddiant. Roedd y gwymp yr holl ffordd yn ôl i'r Bedwaredd Adran yr un mor ddramatig â'r dyrchafiad. Gadawodd Toshack gyda'r clwb yn yr Ail Adran. Er iddo ddychwelyd am gyfnod byr yn 1984, ar ôl hynny dydy o ddim wedi rheoli yr un clwb arall yng Nghynghrair Lloegr.

Am gyfnod aeth i Bortwigal gyda Sporting; mae o wedi rheoli yn yr Eidal, yn Ffrainc ac yn Nhwrci, ond yn Sbaen y mae wedi mwynhau'r llwyddiant mwyaf. Mae ganddo gartref yno, yn ardal San Sebastian, er bod y teulu'n parhau i fyw yn Abertawe. Real Sociedad yw clwb Toshack, a dyna lle cafodd ei lwyddiant cyntaf dramor gan eu harwain i ennill Cwpan y wlad am y tro cyntaf erioed yn yr wyth degau. Clwb o wlad y Basg yw Real Sociedad, ac ar y pryd roedden nhw'n mynnu mai chwaraewyr o'r ardal honno fyddai'n cynrychioli'r clwb.

Yn sgil ei lwyddiant yno denwyd sylw Real Madrid. Mae o wedi bod yn rheolwr yno nid unwaith ond ddwy waith. Y tro cyntaf fe arweiniodd y tîm i bencampwriaeth *LaLiga* a'r tîm yn chwarae pêl-droed ymosodol, cyffrous, gan fanteisio ar dalentau chwaraewyr fel Hugo Sanchez o Fecsico. Fe sgorion nhw record o goliau, ac ennill gyda record o ran nifer y pwyntiau. Ond oherwydd diffyg llwyddiant yn Ewrop, a dyna lle mae blaenoriaeth Real, collodd Toshack ei swydd. Pan ddychwelodd yno dros ddeng mlynedd yn ddiweddarach, mynd yno er mwyn gosod rhyw fath o ddisgyblaeth wnaeth o ar glwb oedd yn prysur golli ei ffordd. Byr fu'r arhosiad er iddyn nhw orffen yn ail.

Yn ôl a blaen y mae Toshack wedi bod yn Sociedad. Hyd yn oed yn ddiweddar, ac yntau'n rheolwr Cymru, bu sôn bod y clwb am geisio ei ddenu'n ôl wedi i'r clwb golli eu statws am y tro cyntaf yn *La Liga*. Chris Coleman, cyfaill agos i fab Toshack, gafodd y swydd.

Tra oedd Toshack yn Sbaen, un arall o Brydain oedd yn rheoli yn y wlad honno oedd Terry Venables, gyda Barcelona. Er i Venables gael llai o lwyddiant na Toshack, roedd o hyd yn cael ei gysylltu â swyddi pwysig yn Lloegr. Ond anaml iawn y byddech chi'n clywed am Toshack yn y cyswllt hwnnw. Doedd hi byth yr amser iawn yn Anfield; cafwyd cynigion gan Aston Villa ac Everton, ond roedd Toshack yn rhy hapus yn San Sebastian, yn mwynhau'r bywyd a'r ffordd o fyw yno. Doedd o ddim am newid hynny.

Ond mae o wedi bod yn rheolwr ar Gymru – ddwy waith. Ffars llwyr oedd y tro cyntaf – ar gyfer y gêm, a'r unig gêm, yn erbyn Norwy yn 1994. Roedd Terry Yorath wedi cael ei ddiswyddo, y Gymdeithas Bêl-droed dan bwysau ac yn methu denu enwau fel Venables, George Graham a Brian Clough. Mewn argyfwng, penderfynwyd troi at Toshack. Efallai nad oedd Toshack wedi gwneud ei waith cartref, ond dw i'n amau a oedd ganddo'r syniad lleiaf am y drwgdeimlad oedd yn bodoli yn sgil diswyddiad Yorath, yn enwedig yng Nghaerdydd. Roedd Tosh bryd hynny yn *box office*. Mewn cynhadledd i'r wasg yng Nghaerdydd trefnwyd ystafell i ryw ugain o newyddiadurwyr a chriwiau teledu. Roedd dros gant a hanner yno! Treuliwyd dwy awr yn edrych am ystafell oedd yn ddigon o faint.

Cymerodd Toshack y swydd yn rhan amser – roedd yn parhau'n rheolwr ar Sociedad ac yn byw yn San Sebastian. Er mwyn cael pâr o lygaid yng Nghymru, penodwyd Mike Smith yn ddirprwy reolwr. Ar gyfer gêm gyntaf Cymru dan arweiniad Toshack, yn erbyn Norwy yn 1994, cyrhaeddodd y garfan westy'r Celtic Manor yng Nghasnewydd ar y nos Sul. Cyrhaeddodd Toshack amser cinio dydd Mawrth. Roedd y gêm nos Fercher. Dyna ganiatáu un diwrnod yn unig er mwyn cyfarfod â'r chwaraewyr, a llawer o'r rheiny'n ei amau, a throsglwyddo syniadau i'r tîm. Y canlyniad oedd i Gymru golli 3-1 – cweir a shambles go iawn – a Tosh yn cael ei ysgwyd. Ar faes lle bu'n gymaint o arwr gyda Chaerdydd, ac yn fachgen lleol, trodd y cefnogwyr yn ei erbyn. Dw i'n argyhoeddiedeg pe bai'r gêm wedi ei chwarae ar y Vetch yn Abertawe neu ar y Cae Ras yn Wrecsam, byddai'r ymateb wedi bod yn wahanol. Ond wedi un gêm penderfynodd Toshack mai digon oedd digon, a 'nôl ag o i Sbaen.

O bryd i'w gilydd bu'n gweithio dros y BBC yn y stiwdio, yn dadansoddi gêmau Cymru, ac roedd o bob amser yn siarad yn blaen, yn denu ymateb, ac yn gwylltio rhai, yn enwedig chwaraewyr a rheolwyr. Er enghrhaifft, wedi i Tosack feirniadau tactegau Cymru yn eu gêm yn erbyn Twrci yn 1997, roedd y rheolwr, Bobby Gould, yn gandryll. Dwn ni ddim pam, chwaith – roedd Cymru wedi colli 6-4!

Ac fe gafwyd mwy o siarad plaen yn ystod teyrnasiad Mark Hughes yn rheolwr ar dîm Cymru. Byddai'r rheolwr a'r chwaraewyr yn gwylio sgrin deledu yn yr ystafell newid ar ôl pob gêm, ac yn gwrando ar sylwdau Toshack. Dyna pam roedd Mark Hughes mor hir yn dod allan o'r ystafell newid i roi cyfweliadau byw i'r BBC! Yn wir, roedd Mark yn teimlo'n anesmwyth pan fyddai Toshack yn ymweld â gwesty'r tîm – teimlo bod Toshack yn tanseilio ei awdurdod, ac roedd llawer yn y wasg yn rhannu'r un teimladau. Roedd y chwaraewyr, hefyd, yn teimlo'n ddig tuag at Toshack. Mae Ryan Giggs yn sôn am y chwaraewyr yn taflu pethau at y sgrin wrth wrando ar yr hyn oedd ganddo i'w ddweud. Weithiau byddai'r dicter hwn yn dod i'r amlwg mewn ffyrdd eraill. Rwy'n cofio un tro yn arbennig. Ar ôl un gêm yn erbyn Norwy, gêm gyfartal un gôl yr un, roedd Toshack wedi bod yn beirniadau'r chwaraewyr yn hallt ar raglen y BBC. Yn y gêm nesaf, dridiau'n ddiweddarach yng Ngwlad Pwyl, er bod y chwaraewyr yn sgwrsio â ni, y gohebwyr, fel unigolion, o ran gwneud cyfweliadau i'r BBC gwrthododd pob un ohonyn nhw.

A rŵan, wrth gwrs, Toshack yw rheolwr Cymru. Yn sgil ymadawiad Mark Hughes roedd llawer o'r chwaraewyr, yn breifat ac yn gyhoeddus, yn gwerthwynebu penodiad Toshack. Penderfynodd un neu ddau roi'r ffidil yn y to – Gary Speed a

Mark Pembridge, er enghraifft. Mi oedd ymadawiad Speed yn golled enfawr o ran ei ddylanwad ar y cae ac oddi arno. Bu dadlau cyson gyda chwaraewyr fel Robbie Savage, Ben Thatcher a John Oster. Ar y naill law mae gan bawb ei farn ynglŷn â'r tri hyn, ond wedyn, pan mae Toshack yn sôn am brinder chwaraewyr â phrofiad o chwarae yn yr Uwch Gynghrair ar gael i Gymru, pam eu hanwybyddu? Yn y bôn, Cymru sy'n bwysig, nid Sav na Tosh! Ac eto, mae rhai chwaraewyr wedi dangos teyrngarwch iddo, ac yn chwarae'n dda dan ei arweiniad. Mae Ryan Giggs yn enghraifft nodedig – bu'n gapten ymroddgar ac effeithiol i Toshack hyd at ei gêm olaf dros ei wlad yn erbyn y Weriniaeth Tsiec ym mis Mehefin 2007.

Mae'n rhy gynnar eto i asesu llwyddiant Toshack fel rheolwr tîm Cymru. Un peth sy'n sicr, mae'n barod i roi cyfle i chwaraewyr ifanc, ac er nad yw'r tîm hyd yn hyn wedi cydio yn nychymyg y cefnogwyr, mae'n dîm hynod o addawol. Yn wahanol i'r rhan fwyaf o'r rheolwyr cenedlaethol, mae Toshack yn dangos gwir ddiddordeb yn y gêm ar bob lefel, o'r tîm llawn i'r tîmau ieuenctid – ac mae gwir angen strwythur cenedlaethol i sicrhau datblygiad a dilyniant i'r doniau ifanc sydd gyda ni. Dyw Cymru ddim wedi cyrraedd y rowndiau terfynol mewn unrhyw gystadleuaeth er 1958. Beth mae Toshack yn ei wneud yw dechrau o'r dechrau a gosod sylfaen ar gyfer y dyfodol. Does ond gobeithio y bydd yn llwyddo. Mae dyn yn teimlo, rywsut, os na all Tosh lwyddo, gyda'i holl brofiad, fydd yna fawr o obaith i neb arall.

(Western Mail & Echo)

Leighton James

Enw: Leighton James

Safle: Asgellwr

Dyddiad geni: Chwefror 16, 1953

Man geni: Llwchwr

Clybiau

1970-75 Burnley
1975-77 Derby County
1977-78 Queens Park Rangers
1978-80 Burnley
1980-83 Abertawe
1983-84 Sunderland
1984-85 Bury
1985-86 Casnewydd
1986-89 Burnley

Cymru

1971-83

Mae'n debyg mai un gair a ddaeth yn amlwg iawn yn ystod y Llywodraeth Lafur o dan arweiniad Tony Blair fel Prif Weinidog oedd y gair *spin*, sef y tueddiad i roi ongl bositif ar bopeth – dehongliad a fyddai, efallai, yn cuddio gwendidau. Gŵr oedd yn cael ei gysylltu yn agos, ac yn bennaf, â hyn oedd y cyn-newyddiadurwr, Alaistair Campbell.

Rŵan, yn nyddiau Mrs Thatcher fel Prif Weinidog, doedd pêl-droed ddim yn cael ei gydnabod fel camp boblogaidd. Dyma gyfnod trychineb Heysel a thân Bradford, cefnogwyr Millwall yn malu maes Luton, a dyma'r cyfnod pan gyflwynwyd y syniad o gefnogwyr pêl-droed ymhob clwb yn gorfod cael cardiau adnabod.

Fe newidiodd hynny i gyd gyda'r arian ddaeth i mewn i'r gêm yng nghyd-destun buddsoddiad Sky ac, unwaith yn rhagor, fe ddaeth pêl-droed yn boblogaidd gyda gwleidyddion a sêr y byd cyhoeddus.

Yn sydyn iawn roedd ganddoch chi wynebau cyfarwydd yn datgan eu cefnogaeth i'r tîm hwn neu'r tîm arall, gan gyhoeddi eu bod wedi bod yn dilyn rhyw glwb arbennig ers blynyddoedd. Yn aml, ffordd i geisio bod yn boblogaidd gyda'r cyhoedd oedd hyn, ond roedd Alastair Campbell yn gefnogwr go iawn i glwb Burnley, ac wedi bod ers blynyddoedd.

Beth sydd gan Campbell i'w wneud a phêl droed Cymru, meddech chi? Wel, pan holwyd o am y chwaraewr gorau roedd o erioed wedi ei weld, heb amheuaeth, fe enwodd o Leighton James, asgellwr Burnley a Chymru. Ac mae hynny'n dipyn o ddweud. Clwb gweddol fach yw Burnley erbyn heddiw, yn dal eu tir yn y Bencampwriaeth, ond fe fuon nhw am flynyddoedd, o dan gadeiryddiaeth Bob Lord, yn un o dîmau gorau Prydain. Roedd yna chwaraewyr rhyngwladol yn eu tîm, yn cynnwys asgellwr Lloegr, John Connelly, a Ray Pointer y blaenwr.

Drwy'r chwe degau ar saith degau cynnar roedden nhw'n dîm talentog, ac nid Leighton James oedd yr unig Gymro. Yno hefyd yn yr un cyfnod ag o roedd y chwaraewr canol cae, Brian Flynn. Roedd Burnley yn cael eu canmol am eu polisi ieuenctid llwyddiannus. Yn wir, dyna'r unig ffordd ymlaen i glwb o faint

Burnley os oedden nhw am gystadlu gyda'r clybiau mawr. Roedden nhw'n agos at y brig ddechrau'r saith degau. Cyrhaeddon nhw rownd gyn-derfynol Cwpan Lloegr yn 1974, gan guro Wrecsam yn rownd yr wyth olaf cyn colli yn erbyn Newcastle. Yn eu rhengoedd roedd yna chwaraewyr o safon – Frank Casper, Colin Waldron, Martin Dobson ac, wrth gwrs, Flynn a James.

Roedd James yn chwaraewr arbennig pan oedd o ar ei orau, â'r gallu a'r ddawn i boenydio'r amddiffynfeydd gorau ledled Ewrop. Ond roedd yna dueddiad ganddo i fynd ar goll ar brydiau. Os câi dacl galed, ffyrning, yn gynnar yn y gêm, byddai'n mynd i'w gragen. Ac roedd yna ddigon o chwaraewyr caled yn y cyfnod hwnnw – Billy Bremner a Norman Hunter yn Leeds, Tommy Smith yn Lerpwl a Ron Harris yn Chelsea.

Roedd talentau James yn haeddu llwyfan mwy na Turf Moor, yn enwedig pan ddaeth hi'n amlwg na fyddai Burnley yn gallu parhau i gystadlu ar y lefel uchaf. I faes y Baseball yn Derby yr aeth o, am £210,000 – oedd yn record ar y pryd i'r clwb. Bu'r saith degau yn gyfnod cythryblus yn hanes y clwb hwnnw. O dan reolaeth Brian Clough a Peter Taylor roedden nhw wedi ennill Pencampwriaeth yr Ail Adran yn 1969, ac yna ennill Pencampwriaeth yr Adran Gyntaf a chyrraedd rownd gyn-derfynol Cwpan Ewrop. Ond oherwydd tyndra rhwng y Bwrdd a'r rheolwyr, gadael Derby wnaeth Clough a Taylor. Er bod yna ymdrech aruthrol gan y cefnogwyr i'w denu'n ôl, fe benodwyd cyn-chwaraer Tottenham, a chapten Derby o dan Clough, sef Dave Mackay, yn rheolwr. Albanwr cryf a chadarn oedd hwnnw, a llwyddodd i oroesi'r holl ddadlau mewnol, gan arwain Derby at bencampwriaeth arall.

Er ei holl dalent, doedd Leighton James ddim yn un am aros yn ei unfan yn hir. Symudodd o'r naill glwb i'r llall. Cafodd gyfnodau byr gyda chlybiau fel Queens Park Rangers a Sunderland ond, o ran y Cymry, fe'i cofir yn bennaf am ei gyfraniad i dim pêl-droed Abertawe o dan arweiniad John Toshack.

Mae'n rhan o chwedloniaeth y clwb bod John Toshack wedi eu harwain o waelodion y Bedwaredd Adran i frig yr Adran

(Western Mail & Echo)

Gyntaf mewn pum tymor, gan chwarae pêl-droed cyffrous. Mae yna gêmau fydd yn aros yn y cof am byth, ac un ohonyn nhw yw honno yn Deepdale ddiwedd tymor 1981. Mi fyddai buddugoliaeth yn Preston yn sicrhau dyrchafiad i'r Adran Gyntaf i fechgyn Toshack ac yn gyrru clwb enwog Preston North End i lawr i'r hen Drydedd Adran. Fe heidiodd miloedd ar filoedd o gefnogwyr Abertawe yno i weld yr Elyrch yn fuddugol, 3-1, a Leighton James yn disgleirio, ynghyd â sawl un arall.

A'r un oedd y stori yn yr Adran Gyntaf – Davies, Habsiabdic, Raykovic, Mahoney, Leighton James a Robbie James, Charles, Curtis a Latchford, yn chwarae pêl-droed gwefreiddiol. Curwyd rhai o gewri'r gêm – Manchester United a City, Tottenham, Lerpwl, Arsenal – ac yn un o'r gêmau gorau welwyd erioed yn Portman Road, buddugoliaeth 3-2 dros Ipswich Town.

Ar un adeg yn 1981 roedd Abertawe ar frig y Gynghrair, cyn gorffen yn chweched, ac yn yr un tymor fe enillon nhw Gwpan Cymru. Ond doedd y llwyddiant ddim i barhau ac, fel cymaint o'i gyd chwaraewyr, am resymau ariannol, gadael y Vetch wnaeth James.

Yn ogystal â bod yn chwaraewr medrus, roedd Leighton James yn gefnogwr brwd i Abertawe, ac mae o'n dangos hynny'n amlwg hyd heddiw yn ei waith ar y radio a'r teledu, a dyw hynny ddim yn ei wneud yn boblogaidd gyda chefnogwyr Caerdydd!

Fe chwaraeodd o i glwb arall yng Nghymru, sef Casnewydd. Yn anffodus, erbyn iddo gyrraedd Parc Somerton ganol yr wyth degau, roedden nhw'n ddyddiau du iawn i'r clwb o Went. Yn y saith degau, o dan reolaeth Len Ashurst a Colin Addison, roedden nhw wedi bod yn dîm llwyddiannus iawn, gan gyrraedd rownd wyth olaf Cwpan Enillwyr Cwpanau Ewrop, cyn colli yn erbyn y tîm o Ddwyrain yr Almaen, Carl Jeiss Zena.

Problemau ariannol oedd yn bennaf gyfrifol am y sefyllfa ar Barc Somerton, ac er ymdrechion pobl fel Leighton James, John Lewis a Jimmy Mullen, i lawr i'r Bedwarwedd Adran yr aeth Casnewydd, ac erbyn 1988 roedden nhw allan o'r Gynghrair.

Un o'r asgellwyr gorau yn y byd. Sylwebydd diflewyn-ar-dafod.

Yn wir, mae Leighton James yn parhau i fynnu hyd heddiw pe bai o wedi cael y cyfle i fod yn rheolwr ar Barc Somerton, fyddai'r tîm ddim wedi colli ei statws yng Nghynghrair Lloegr.

Beth bynnag am hynny, mi fydd cefnogwyr Burnley yn ei gofio, nid yn unig am ei ddewiniaeth ar yr asgell, ond am y rôl a chwaraeodd o yn cadw Burnley yng Nghynghrair Lloegr. Roedd ei ddawn i ysbrydoli'r chwaraewyr, ar y cae ac oddi ar y cae, yn amhrisiadwy.

Mae'n siŵr bod llawer yn gyfarwydd â stori Wrecsam ddiwedd tymor 2006-07 pan oedd angen curo Boston yn y gêm olaf er mwyn aros yng Nghynghrair Lloegr, a Wrecsam yn gwneud hynny, 3-1. Trowch y cloc yn ôl i ddiwedd yr wyth degau, 1988-89, a dyna'r sefyllfa oedd yn wynbeu Burnley. Rhaid oedd curo Leyton Orient yn eu gêm olaf er mwyn sicrhau eu statws. Ac ar faes enwog Turf Moor, fe wnaethon nhw hynny, 2-1, a James yn chwarae rhan amlwg iawn.

Roedd Leighton James yn ysu am fod yn rheolwr neu'n hyfforddwr. Fe gafodd o ambell gyfle, y tu allan i Gynghrair Lloegr yn bennaf, ac am un gêm tra oedd Terry Yorath yn rheolwr ar Gymru mi gafodd gêm fel dirprwy reolwr y tîm cenedlaethol dan un ar hugain. Fe gawson nhw gêm gyfartal ddi-sgôr yn erbyn Lloegr ar Barc Prenton yn Tranmere. Roedd tîm Lloegr yn gryf y noson honno, yn cynnwys chwaraewyr fel Steve McManaman o Lerpwl – felly ystyriwyd bod tîm Cymru wedi gwneud yn arbennig o dda.

Pe baech chi'n gofyn iddo, yna yn Abertawe y byddai Leighton yn dymuno bod – yn aelod o'r tîm hyfforddi yn Stadiwm Liberty. Bu'n agos i gael y cyfle ar sawl achlysur. Dw i'n ei gofio'n bennaf fel rheolwr pan oedd o i lawr yn Stebonheath yn rheoli Llanelli yng Nghynghrair Cymru. Hwnnw oedd un o'r tîmau ieuengaf a mwyaf cyffrous i chwarae ar y lefel yna. Roedd eu pêl-droed yn fentrus, yn ymosodol, ac roedden nhw'n sgorio llond trol o goliau. Mae dwy gêm yn aros yn y cof – curo'r Barri, y tîm gorau yn y Gynghrair o bell ffordd ar y pryd, 3-2 yn Stebonheath, ac yna chwalu Caerfyrddin 7-2, a'r ddwy gêm yn denu torfeydd o bron dwy fil.

Ond cymeriad tanllyd ydy Leighton. Roedd o'n troedio'r eisteddle pan oedd ei dîm yn chwarae, yn methu ag eistedd yn llonydd, yn cicio a phenio pob pêl. Yn anffodus, roedd yna wrthdaro rhyngddo a Chadeirydd clwb Llanelli, Bobby Jones, ac yn rhyfeddol, er cystal y pêl-droed, ac iddyn nhw orffen yn bumed yn eu tymor cyntaf, collodd James ei swydd gyda Llanelli. Cafodd ail gyfle yn 2002, ond doedd pethau ddim yr un peth wedyn.

Heddiw, mi fyddai Leighton James yn werth miliynau fel chwaraewr, oherwydd pan oedd o ar ei orau doedd yna fawr o neb gwell nag o. O ran Cymru, serch hynny, cymysglyd fu ei berfformiadau dros ei wlad. Doedd o ddim bob amser yn gweld lygad yn llygad â'r rheolwyr na'i gyd-chwaraewyr. Ond roedd rhai o'i berfformiadau'n wych. Fo sgoriodd y gôl yn Wembley yn 1977 pan enillodd Cymru yno yn erbyn Lloegr am y tro cyntaf erioed – yn cadw ei ben wrth daro'r bêl i gefn y rhwyd o'r smotyn. Ond y perfformiad gorau gafwyd ganddo yn y crys coch oedd ar y Cae Ras yn Wrecsam, eto yn 1977, yn erbyn Tsiecoslofacia.

Doedd James ddim fod i chwarae y noson honno. Roedd dadl wedi codi rhyngddo a'r rheolwr ar y pryd, Mike Smith. Ond yn sgil anafiadau, bu'n rhaid ei gynnwys. Fel arfer, doedd Cymru ddim ar eu cryfaf; anafiadau yn eu poeni, ac roedd John Toshack yn absennol oherwydd anaf i'w glun. Yn y llinell flaen y noson honno roedd Nick Deacy, oedd yn chwarae ei bêl-droed yn yr Iseldiroedd gyda PSV Eindhoven, a Peter Sayer o Gaerdydd. Roedd Sayer, oedd yn cael ei gymharu â Kevin Keegan, yn arbennig y noson honno, ond roedd Leighton James ar lefel arall – roedd o'n wefreiddiol.

Er mwyn gosod y peth yn ei gyd-destun, ar y pryd Tsiecoslofacia oedd Pencampwyr Ewrop. Roedden nhw newydd ennill y gystadleuaeth ar ôl curo Gorllewin yr Almaen ar giciau o'r smotyn yn y rownd derfynol. Ond y noson honno, gyda Leighton James yn eu poenydio dro ar ôl tro i lawr yr asgell chwith, fe chwalwyd y gwrthwynebwyr 3-0, gyda James, nid yn unig yn creu, ond yn sgorio un ei hun heibio i Viktor yn y gôl.

Hwn oedd un o'r perfformiadau unigol gorau a welwyd gan James. Y broblem i Mike Smith a'i olynydd, Mike England, oedd nad oedd hyn ddim yn digwydd yn ddigon aml – sy'n atgoffa rhywun, mae'n debyg, o hanes Ryan Giggs a Chymru.

Fel gyda chymaint o chwaraewyr y cyfnod, doedd yna ddim symiau mawr o arian ar gael iddyn nhw, ac ers gadael y gêm fel chwaraewr, mae Leighton James wedi wynebu argyfwng yn ei fywyd personol ac wedi denu'r penawdau am y rhesymau anghywir. Mae o wedi sefydlu eu hun fel darlledwr ar y BBC a hefyd gyda chwmni radio annibynnol, Real Radio, sy'n dilyn Caerdydd ac Abertawe. Mae Leighton yn gefnogwr brwd o Toshack ac fe aeth yn ddadl boeth a chofiadwy rhyngddo fo a Robbie Savage ar y rhaglen un noson, gyda'r ddau gyn-chwaraewr rhyngwladol yn lladd ar ei gilydd fel personoliaethau a chwaraewyr.

A dyw Leighton ddim yn cuddio'r ffaith mai Jac ydy o – ac yn sgil hynny dydi o ddim yn mynychu Parc Ninian yn aml iawn! Dydy'r croeso iddo yno ddim yn un cynnes.

Dw i'n cofio gadael stadiwm San Siro ryw awr a hanner ar ôl i Gymru golli 4-0 yn erbyn yr Eidal ym mis Medi 2003. Roedd yna filoedd o Gymry yno yn cefnogi'r tîm. Roedd llinell o fysiau yn hebrwng y cefnogwyr o'r stadiwm i'r maes awyr, ac yn eu mysg fysiau cefnogwyr Caerdydd. Fe welon nhw Leighton yn sefyll ar y palmant, a dyna lle roedden nhw'n herio a gwawdio Leighton, rhai yn eithaf bygythiol, a dweud y gwir.

Ac fe aeth fy meddwl i yn ôl i'r Cae Ras a'r gêm honno yn erbyn Tsiecoslofacia. Dw i'n amau a oedd yr un o'r cefnogwyr 'arwynebol' hyn yno, neu mi fydden nhw'n dangos tipyn mwy o barch i un a fu, unwaith, yn un o sêr disgleiriaf eu gwlad.

(Western Mail & Echo)

Kevin Ratcliffe

Enw: Kevin Ratcliffe   Dyddiad geni: Tachwedd 12, 1960
Safle: Amddiffynnwr   Man geni: Mancot ger Queensferry yn
                                                     Sir y Fflint

Clybiau
  1980-91 Everton

Cyfnodau byr i Gaerdydd, Dundee, Nottingham Forest a Derby.

Cymru
  1980-93

Rheolwr
  1995-99   Caer
  1999-2003   Amwythig

Yn yr wyth degau, pan oedd Mike England yn rheolwr ar Gymru, fe ddaeth amryw o chwaraewyr ifanc talentog at ei gilydd o ogledd Cymru i sefydlu cnewyllyn cryf o garfan Cymru. Aeth y garfan hon yn hynod o agos at gyrraedd rowndiau terfynol naill ai Gwpan y Byd neu rowndiau terfynol Pencampwriaethau Ewrop rhwng 1982 a 1994. Cafodd y criw eu hadnabod fel *mafia* gogledd Cymru, yn cynnwys Neville Southall, Mark Hughes, Ian Rush ac, yn gapten, Kevin Ratcliffe. Yn aml, roedd y rheolwr yn cyfeirio at y talent gwerthfawr yma – ac yn anghofio sôn am y saith arall oedd yn y tîm ochr yn ochr â nhw!

Yn ystod teyrnasiad Mike England fel rheolwr, ar y Cae Ras yn Wrecsam yr oedd Cymru'n chwarae y rhan fwyaf o'u gêmau cartref. Mi fyddai'r garfan yn dod at ei gilydd yng Ngwesty'r Bryn Hywel, y tu allan i Langollen, er mwyn paratoi ar gyfer y gêmau rhyngwladol. Fel cyw ohebydd yn dilyn Cymru am y tro cyntaf, roeddwn yn nerfus iawn yn cerdded i mewn i westy'r tîm a dod wyneb yn wyneb â'r sêr yma a chynnal cyfweliadau gyda nhw ar gyfer radio a theledu. Ond, yn raddol, fel gyda phopeth, roedd dyn yn dod i deimlo'n fwy cartrefol yn eu cwmni ac, ar ôl cyfnod, yn teimlo ei fod yn cael ei dderbyn gan y chwaraewyr.

Yn 1988 roedd Cymru yn yr un grŵp â'r Ffindir, ac roedd hynny'n golygu taith i Helsinki, prifddinas y wlad honno. Cyfnod rowndiau rhagbrofol Pencampwriaethau Ewrop oedd hi. Er mai gwlad fach yw Cymru, roedd dyn yn disgwyl teithio i wledydd fel y Ffindir, Norwy, Gwlad yr Iâ – ac ennill! Dwn i ddim pam! Ac mae'r teimlad yna, am ryw reswm yn parhau hyd heddiw.

Ta waeth, yn ôl yr arfer, prynhawn cyn y gêm, os nad oes gêm gan y tîm dan un ar hugain, mae o'n gyfle i fynd o amgylch tref neu ddinas i flasu peth o'r awyrgylch a'r golygfeydd. A dyna wnes i'r diwrnod hwnnw yng nghwmni Ron Jones, gohebydd Radio Wales ar y pryd, a sylwebydd aeth ymlaen i fod yn aelod allweddol o dîm sylwebu pêl-droed Five Live am flynyddoedd. Roedd y ddau ohonom yn eistedd mewn caffi pan ddaeth Kevin Ratcliffe ac Ian Rush draw i ymuno â ni am goffi. Meddyliwch! Dau chwaraewr byd-enwog, ar ben eu digon, ac eto'n ddigon diymhongar i ddod draw atom i gael sgwrs. A dyna gychwyn ar gyfeillgarwch sydd wedi parhau hyd heddiw. Does dim dwywaith fod Kevin Ratcliffe yn un o'r amddiffynwyr gorau, ac yn un o'r capteiniaid mwyaf llwyddiannus ac awdurdodol a welodd Cymru erioed.

Fe ddenodd sylw yn ifanc iawn. Fel cymaint o fechgyn ifanc â thalent i chwarae pêl-droed, roedd yn byw yn y man iawn, ar stepen drws y clybiau mawr, Lerpwl, Everton, Manchester United, ac yna'r clybiau llai, Caer, Wrecsam, Amwythig a Tranmere. Heb os, y saith degau oedd y cyfnod mwyaf llwyddiannus yn hanes clwb pêl-droed Wrecsam. O dan reolaeth John Neal roedd yna bolisi ieuenctid llewyrchus, a chafodd sawl un o chwaraewyr gorau'r gogledd gyfnod yno. Ond, am ryw reswm, nid yn Wrecsam y cychwynnodd Ratcliffe ei yrfa – na chwaith Southall, Hughes, a Rush, o ran hynny. Bu Ratcliffe yn ymarfer gyda nhw, ond mae o'n dweud iddo gael gwell triniaeth yng Nghaer, gyda'r hen elynion dros Glawdd Offa.

Ta waeth, yn y diwedd, i Everton yr aeth o – at y clwb roedd o'n ei gefnogi.

Rhaid rhoi'r cyfnod ar lannau Mersi yn ei gyd-destun.

Yn y chwe degau roedd Everton a Lerpwl wedi ennill cwpanau a phencampwriaethau di-ri. Parhau wnaeth llwyddiant Lerpwl yn y saith degau o dan arweiniad Bill Shankly, gyda'r clwb a'r tîm yn mynd o nerth i nerth. Stori wahanol oedd hanes Everton. Wedi ymadawiad Harry Catterick fel rheolwr, roedd Everton wedi colli e'u ffordd o dan reolwyr fel Billy Bingham a Gordon Lee. Penderfynodd y cyfarwyddwyr droi at gyn-chwaraewr, Howard Kendall. Nid unrhyw gyn-chwaraewr, cofiwch chi! Roedd Howard Kendall ymysg y chwaraewyr gorau erioed i wisgo'r crys glas; yn wir, roedd yn rhan o'r triawd enwog a chwaraeodd yng nghanol y cae dros y clwb yn y chwe degau a'r saith degau cynnar – Kendall, Colin Harvey, a'r diweddar Alan Ball.

Ymhen amser, o dan reolaeth Kendall, fe ddaeth dyddiau gwell i'r clwb – â dau Gymro'n chwarae rhan amlwg yn hynny, sef Neville Southall yn y gôl ac, yn arwain o'r cefn, Kevin Ratcliffe. Yn wir, cyfnod Kendall wrth y llyw yw un o'r cyfnodau mwyaf llwyddiannus yn hanes Everton. Yn 1984, gyda Ratcliffe

yn gapten ifanc, enillon nhw Gwpan Lloegr – yn erbyn Watford – gyda dwy gôl gan Andy Gray. Wrth ddringo i nôl y cwpan roedd Ratcliffe yn creu tipyn o hanes, sef y capten ieuengaf erioed i godi'r cwpan. O ran Cymry llwyddiannus yn Wembley, fel capteiniaid, roedd o'n dilyn ôl traed Fred Keenor gyda Chaerdydd, Roy Paul gyda Manchester City, Graham Williams gyda West Browmich Albion yn 1968, yn erbyn Everton fel mae'n digwydd, a Peter Rodrigues gyda Southampton.

Erbyn hyn roedd Kendall wedi creu tîm oedd yn ddigon da i herio Lerpwl. Ar wahân i Southall a Ratcliffe, roedd yna Gymro o Wlad Belg, Pat Van Den Hawe a Gwyddel o Gymru, sef Kevin Sheedy. Roedd yna chwaraewyr dawnus eraill – Gary Stevens, Trevor Steven, Peter Reid, Paul Bracewel ac Adrian Heath. Llifodd y goliau gan Andy Gray, Graeme Sharpe ac, yn ddiweddarach, gan Gary Lineker.

Yn 1985 fe enillodd Everton Gwpan Enillwyr Cwpanau Ewrop. Fe guron nhw Beyern Munich 3-1 yn y gêm gyn-derfynol – y gêm sy'n cael ei chyfri yr un orau a welwyd erioed ar Goodison Park – a churo Rapid Vienna 3-1 yn y gêm derfynol. Yn yr un tymor fe enillodd Everton y Bencampwriaeth, a bu bron iawn iddyn nhw gael y *treble*, ond fe gollon nhw yng ngêm derfynol Cwpan Lloegr yn erbyn Manchester United.

Ond, hefyd yn 1985, pan oedd Everton ar drothwy cyfnod llwyddiannus yn Ewrop, digwyddodd trychineb Heysel ym Mrwsel pan laddwyd 39 o gefnogwyr Juventus mewn gwrthdaro â chefnogwyr Lerpwl yn ystod gêm derfynol Cwpan Pencampwyr Ewrop. Yn sgil y drasiedi, gwaharddwyd clybiau Lloegr rhag chwarae yn Ewrop.

Ar ôl hyn fe ymadawodd llawer o'r chwaraewyr gorau, ac ymadael wnaeth Howard Kendall, hefyd – aeth i fod yn rheolwr ar glwb Atletic Bilbao yn Sbaen. Gyda hyn oll, fe gollodd Everton eu ffordd. Mae'n amlwg wrth siarad â chyn-gapten Cymru heddiw bod yna deimlad nad oedd Everton wedi gwireddu eu gwir botensial – yn wir, bod y cyfle wedi ei dynnu oddi arnyn nhw.

Cryfder Kevin oedd ei gyflymdra a'i allu i ddarllen y gêm. Capten heb ei ail i'w glwb, Everton, a thros ei wlad.

Roedd tro ar fyd i ddod i Kevin Ratcliffe, hefyd. Prif nodwedd y Cymro fel amddiffynnwr oedd ei gyflymdra ond, yn anffodus, roedd nifer o fân anafiadau yn ei boeni ac roedd ei le yn y tîm dan fygythiad.

Yn 1991 fe gafodd gynnig i ymuno â'i hen gyfaill, Peter Reid, oedd bellach yn rheolwr gyda Manchester City yn Maine Road. Ar yr un pryd fe gafodd gynnig i ymuno â Chaerdydd. Er bod Manchester City yn yr Adran Gynytaf, mae Ratcliffe wedi datgan sawl tro fod ganddo deimlad da am Gaerdydd ar y pryd. A hawdd deall pam. Dw i wedi byw yng Nghaerdydd am fwy na phum mlynedd ar hugain, bellach, a dw i ddim yn cofio i'r tîm erioed ddal yn nychymyg y cefnogwyr fel ag y gwnaeth o ar ddechrau'r naw degau, pan oedd Eddie May yn rheolwr a Rick Wright yn berchennog.

Perchennog canolfan wyliau ar ynys y Barri oedd Rick Wright, ond roedd yn gweld ffordd o wneud arian gyda'r clwb pêl-droed. Roedd o wedi datgan mai ei nod oedd sicrhau llwyddiant ar y cae, hynny'n cynyddu maint y gefnogaeth, a hynny, yn ei dro, yn dod ag arian i'w boced yntau.

Yn y cyfnod hwnnw roedd y tîm yn llwyddiannus, ac roedd yna 20,000 yn tyrru i Barc Ninian i wylio tîm Pedwaredd Adran yn chwarae. *Coup* go iawn, felly, oedd denu Ratcliffe. Roedd wrth ei fodd ar Barc Ninian, yn mwynhau'r ddinas a'r clwb, ac fe enillwyd dyrchafiad a Chwpan Cymru.

Tra oedd yno fe ail-enillodd Ratcliffe ei le yn nhîm Cymru. Enillodd 59 o gapiau dros Gymru, y rhan fwyaf fel capten. Ond, fel aelod o'r tîm cenedlaethol, yn hytrach na chwarae yn rowndiau terfynol y cystadleuaethau mawr, bu'n rhaid iddo fodloni ar ambell uchafbwynt – ei gap cyntaf yn erbyn Tsiecoslofacia yn 1980; buddugoliaeth dros Loegr yn 1984, a churo'r Almaen ym Mehefin 1991 pan oedden nhw'n Bencampwyr y Byd.

A'r uchafbwynt mwyaf iddo, o bosib, oedd ei gap olaf yn erbyn Gwlad Belg yng Nghaerdydd ym mis Mawrth 1993. Gêm yn y rowndiau rhagbrofol ar gyfer Cwpan y Byd 1994 oedd hon. Roedd y Belgiaid ymysg y tîmau gorau yn Ewrop ar y pryd, gydag Enzo Scifo yn rheoli popeth yng nghanol y cae. A dyma'r noson, gyda Ratcliffe yn ôl yn y tîm yn chwarae ochr yn ochr â Mark Aizlewood ac Eric Young, y penderfynodd y rheolwr, Terry Yorath, roi ei gap llawn cyntaf i Ryan Giggs. Giggs sgoriodd y gôl gyntaf heibio i Michelle Preu D'Homme yn y gôl, ac roedd Ratcliffe yn seren. Wedi'r gêm meddai, 'O leiaf galla i ddweud wrth fy wyrion a fy wyresau imi chwarae yn yr un tîm â Ryan Giggs!' Ian Rush sgoriodd y gôl arall, a'r noson honno cafwyd un o'r perfformiadau gorau erioed gan Gymru o dan reolaeth Terry Yorath.

Roedd Ratcliffe yn y garfan ar gyfer y gêm nesaf yn Ostrava yn erbyn Gweriniaeth Tsiec a Slofacia ond, oherwydd anaf, collodd y cyfle i gyrraedd trigain cap.

Ar ôl hynny, roedd anafiadau yn achosi problemau mawr iddo. Ei gryfder fel chwaraewr, fel y soniwyd, oedd ei gyflymdra – ac roedd wedi colli hwnnw. O ran y clybiau, ceisiodd ei lwc yn Derby, Dundee a Nottingham Forest. Ond doedd dim yn ei gyffroi. Digon oedd digon, ac fe drodd ei olygon at fod yn rheolwr.

Pe bai'n gorffen chwarae heddiw, ac yn dymuno bod y rheolwr, oherwydd ei statws o fewn y gêm, mi fyddai'n cael y cyfle ar y lefel uchaf gyda rhywun fel ei gyn-glwb, Everton. Ond ar wahân i Kenny Dalsglish yn Lerpwl, go brin bod unrhyw un wedi mynd o fod yn chwaraewr i fod yn rheolwr yn y Brif Adran. Rhaid oedd dechrau ar y gwaelod, a gwnaeth hynny yn gyntaf fel dirprwy reolwr gyda Chaer. Heb fawr o adnoddau o ran cyfleusterau, heb fawr o arian – yn wir, talodd lawer o'r biliau yno o'i boced ei hun – roedd hi'n ysgol brofiad galed ar y naw.

Ond o fewn blwyddyn roedden nhw o fewn trwch blewyn i ennill dyrchafiad – colli yn y gêmau ail-gyfle yn erbyn Abertawe. Yn anffodus, daeth Americanwr i gymryd yr awenau yng Nghaer – Terry Smith – oedd yn addo popeth dan haul. Addawodd y byddai'r clwb yn cyrraedd yr Adran Gyntaf mewn pum mlynedd, ond, mewn llai na dwy, roedd Caer allan o Gynghrair Lloegr! Erbyn hynny roedd Ratcliffe wedi hen ymadael.

Cafodd gyfle arall yn Gay Meadow gydag Amwythig yn Nhachwedd 1999. Pan gyrhaeddodd o yno roedd y clwb yng ngwaelodion yr hen Bedwaredd Adran. O fewn tymor redden nhwythau'n ceisio am ddyrchafiad yn y gêmau ail-gyfle, a'r cefnogwyr yn canmol Ratcliffe yn gyson ar raglenni radio fel *Six o Six* ar Radio Five Live. Chwe mis yn ddiweddarach fe guron nhw Everton, ei gyn-glwb, yn nhrydedd rownd Cwpan Lloegr – sioc fawr – cyn colli, yn ôl y disgwyl, yn y bedwaredd rownd yn erbyn Chelsea. Bedwar mis wedi hynny roedd Amwythig wedi colli eu statws yn y Gynghrair, a Ratcliffe wedi gadael. Trodd ei gefn unwaith ac am byth ar fod yn rheolwr.

Bellach mae o'n ennill ei fywoliaeth trwy weithio fel arbenigwr ar gêmau clwb a rhyngwladol gyda'r BBC yng Nghymru, ac ar Sky Sports. Mae o'n ffraeth, yn dweud ei ddweud, ac mae o'n uchel ei barch. Ac mae o'n un o'r brid unigryw hwnnw – pêl-droediwr o'r safon uchaf, sydd wedi chwarae ar y lefel uchaf gyda'r goreuon, ac sydd wedi ennill bron bopeth. Ond mae o'n fodlon o hyd i deithio i lefydd fel Grimsby, Hartlepool neu Plymouth ar noson wlyb, oer, ganol gaeaf i fod yn ail-lais ar sylwebaeth. Does yna ddim 'fi fawr' yn perthyn i Ratcliffe o gwbl.

Dyma ddarlun i chi cyn cloi. Y lleoliad yw ystafell y wasg yn Vicarage Road ddechrau tymor 2006-07, a Watford, heb ennill gêm gartref yn y Gynghrair, yn chwarae yn erbyn Middlesbrough. Ryw dair awr cyn y gêm dyma'r gŵr yma'n cerdded i mewn i ystafell y wasg ac yn dod draw am sgwrs a phaned. Roedd wedi cerdded bob cam o Watford Junction, yn cario bag yn cynnwys ei offer sylwebu. Allech chi ddychmygu un o'i gyfoedion, Alan Hansen, yn gwneud hynny – neu, mewn ugain mlynedd, John Terry neu Rio Ferdinand?

Na. Na minnau, chwaith!

(Western Mail & Echo)

Neville Southall

Enw:	Neville Southall	Dyddiad geni:	Medi 16, 1958
Safle:	Golwr	Man geni:	Llandudno

Clybiau
1979-80	Winsford
1980-81	Bury
1981-98	Everton
1983	Port Vale ar fenthyg
1997-98	Southend ar fenthyg
1998	Stoke ar fenthyg
1998-2000	Torquay
1999-2002	Cyfnodau byr gyda Huddersfield Town, Bradford City, Caerefrog, Rhyl, Amwythig, Dover Athletic, Amwythig, Dagenham and Redbridge

Cymru
1982-97

Rheolwr
1997   Cymru: un gêm ar y cyd gyda Mark Hughes

Dw i'n cofio'r eiliad o hyd. Cae pêl-droed Ysgol Pendorlan ym Mae Colwyn. Roeddwn i'n bedair ar ddeg mlwydd oed ac yn chwarae yng Nghynghrair Tremorfa, cynghrair ieuenctid ardal Llandudno, Bae Colwyn a Chonwy. Gêm oedd hon rhwng Hen Golwyn a Thîm A Craig y Don o ardal Llandudno. Roedden ni'n pwyso i ddod yn gyfartal; dyma'r bêl dros yr amddiffyn a bachgen o'r enw Colin Roebuck yn glir ac yn rhoi taran o ergyd – ond y golwr, yn wyrthiol, yn arbed y cynnig. Roedd pawb yn gegrwth ac wedi syfrdanu. Pawb, hynny yw, ond y golwr. Cododd ar ei draed a chario 'mlaen fel pe bai dim wedi digwydd. Y golwr dan sylw – Neville Southall.

Dyma'r tro cyntaf imi ddod ar draws *Big Nev* yn y cnawd. Roedd pawb oedd yn chwarae pêl-droed yn y cylch wedi clywed amdano, y bachgen ifanc yma oedd yn golwr anhygoel. Yn sicr, roedd yna ddyfodol disglair o'i flaen. Roedd y Gynghrair arbennig yma'n frith o chwaraewyr a aeth ymlaen i wneud gyrfa lwyddiannus ohoni fel pêl-droedwyr proffesiynol. Un ohonyn nhw oedd Eddie Niedzwecki, oedd yn chwarae yng nghanol yr amddiffyn i Conwy Borough. Yn rhyfedd, Eddie gafodd y cynnig gan John Neal yn Wrecsam i fod yn golwr i'r clwb! Bu'n rhaid i *Big Nev* fod yn amyneddgar tu hwnt cyn cael ei gyfle ar y lefel uchaf.

Wrth edrych yn ôl ar yrfa Neville Southall, mae pawb yn ei gofio fel golwr gwych i Gymru ac i Everton. Yn wir, ar un cyfnod yng nghanol yr wyth degau, pan oedd Everton ar eu gorau, o bosib mai Southall oedd y golwr gorau yn y byd. Y trueni yw, wrth gwrs, fel cymaint o chwaraewyr eraill o Gymru, na chafodd o'r cyfle i arddangos ei ddawn ar y llwyfan mwyaf posib. Ond, ac mae hyn yn anodd ei gredu, mi oedd yna gyfnod yng ngyrfa Southall pan oedd o'n ildio, ar gyfartaledd, ryw ddeg gôl y gêm!

Yng Nghynghrair Dyffryn Conwy yn y saith degau mi oedd yna dîm hynod o lwyddiannus, ail dîm Llandudno, sef Llandudno Swifts. Oherwydd eu cysondeb yno, roedd angen her arnyn nhw ac fe gawson nhw ddyrchafiad i Brif Adran y Gogledd. Roedd y Cynghrair hwn yn cynnwys, ar y pryd, dîmau cryf fel Porthmadog, Pwllheli, Dyffryn Nantlle, Bethesda, Blaenau

Ffestiniog ac ail dîmau y Rhyl a Bangor. Mae yna draddodiad hir ac anrhydeddus i bêl-droed yn nhref glan môr Llandudno. Yno y magwyd Joey Jones, Gareth Davies, amddiffynnwr gyda Wrecsam yn y saith degau, a'r diweddaraf, Neil Eardley, amddiffynnwr ifanc, addawol sydd yn chwarae ei bêl-droed i Oldham Athletic.

Yn anffodus, roedd y naid i'r adran uwch yn un rhy fawr i'r Swifts. Roedden nhw'n cael cweir ar ôl cweir ar ôl cweir; yn aml byddai'r sgôr rhwng saith a ddeuddeg i ddim. A phwy oedd yn y gôl yn ceisio cadw'r sgôr i lawr ond Neville Southall. Fe gafodd o ambell brofiad tebyg gyda Chymru, ond mwy am hynny yn y man.

Y tîm cyntaf i mi wylio'n chwarae pêl-droed oedd Bae Colwyn. Symol iawn oedden nhw ddiwedd y chwe degau a dechrau'r saith degau, yn chwarae eu gêmau cartref ar gae ym Mharc Eirias. Hynny yw, tan i Elfed Morris, cyn flaenwr gyda Chaer, Halifax a thîm dan dair ar hugain Cymru, ymuno â nhw. Fe drawsnewidiodd o bêl-droed yn y Bae. Daeth o ag agwedd fwy proffesiynol a chwaraewyr gwell i mewn i'r clwb, ac fe enillon nhw'r Gynghrair a'r cwpanau, sef yr Alves a'r Cookson. Cafwyd ambell rediad yng Nghwpan Cymru. Ond daeth gyrfa chwarae Elfed i ben mewn gêm yn erbyn y Swifts.

Roedd y tîm o Landudno wedi dechrau gwella, felly roedd hi'n gêm agos. Fe ddisgynnodd y bêl yng nghwrt cosbi'r ymwelwyr; aeth Elfed amdani gyda Neville; clywyd crac o amgylch y cae ac roedd Elfed Morris wedi torri ei ffêr. Chwaraeodd o ddim eto. A dyna'r ail atgof cynnar sydd gen i am Neville Southall.

Er ei ddawn amlwg, araf iawn oedd y clybiau proffesiynol i roi cynnig iddo, ac mae hynny'n anodd ei gredu gan fod Wrecsam, yn y cyfnod hwnnw, yn tueddu i ddenu y rhan fwyaf o'r chwaraewyr ifanc gorau ar hyd yr arfordir. Er, ar ôl dweud hynny, fe gollon nhw Ian Rush, Kevin Ratcliffe a Neville Southall. Bwrw ei brentisiaeth wnaeth Southall gyda chlybiau fel Bangor a Winsford cyn iddo, yn ei ugeiniau cynnar, gael cynnig i ymuno â Bury yn Gigg Lane. O'r diwedd gallod roi'r gorau i'w swydd ar y lorri sbwriel yn Llandudno!

(David Cannon / Allsport / Getty Images)

Doedd Neville ddim am wastraffu amser ac fe wnaeth yn fawr o'r cyfle. Cyn hir roedd ar ei ffordd i Port Vale ac oddi yno i Everton. Dros y blynyddoedd, mi fu gan Everton draddodiad o ddenu chwaraewyr ifanc o Gymru, yn enwedig o'r gogledd – yn rhannol er mwyn denu mwy o gefnogaeth o'r glannau, mae'n siŵr. Roedd Southall yn dilyn ôl traed Cymro arall i Goodison, golwr Cymru, Dai Davies.

Roedd Everton yn y cyfnod yma yn ailadeiladu, ac roedden nhw ar drothwy oes aur newydd. Nid fod neb yn ymwybodol o hynny ar y pryd. Howard Kendall, un o sêr Everton yn y chwe degau a'r saith degau oedd y rheolwr, ond roedd o dan bwysau aruthrol. Yn ogystal â Southall roedd o wedi prynu golwr mwy profiadol, sef Jim Arnold, felly aros ei dro wnaeth y Cymro, a 'nôl yr aeth o ar fenthyg i Port Vale.

Ar Hydref 17 1981, fe chwaraeodd Southall ei gêm gyntaf dros Everton. Dyma ddechrau ar yrfa oedd i barhau am 578 o gêmau i Everton dros gyfnod o ddwy flynedd ar bymtheg. Roedd Howard Kendall wedi bod yn rhan o driawd llwyddiannus yng nghanol cae Everton, sef Kendall, Ball a Harvey. Felly, gan ei fod yn gyn-chwaraewr, roedd disgwyl pethau mawr ganddo. Yn raddol fe adeiladodd dîm dawnus oedd i herio Lerpwl a'u gafael nhw ar bêl-droed Lloegr gydol yr wyth degau. Roedd dau Gymro yn yr amddiffyn, Kevin Ratcliffe a Chymro mabwysiedig o Wlad Belg, Pat Van De Hawe. Yn ogystal, roedd Cymro o Lanelwedd oedd yn chwarae dros Weriniaeth Iwerddon, Kevin Sheedy, Trevor Steven, Peter Reid, Andy Gray, Adrian Heath, a chwaraewyr fel Graeme Sharp a Gary Lineker. Enillwyd Cwpan Lloegr yn 1984 trwy guro Watford yn y rownd derfynol, gyda Ratcliffe yn gapten. Wedi hynny, gyda Southall yn gawr ysbrydoledig yn y gôl, doedd dim stop ar y llwyddiant. Enillwyd pencampwriaethau yng nghanol yr wyth degau, cafwyd llwyddiant yn Ewrop yn 1985 – y flwyddyn pan gafodd Southall ei gydnabod gan y wasg fel chwaraewr gorau'r tymor.

Neville yn lliwiau Everton. Ar un adeg roedd yn cael ei gydnabod fel y golwr gorau yn y byd. Yn anffodus, chafodd o mo'r llwyfan i ddangos hynny i'r byd

Ond daeth diwedd hynod o sydyn ac annisgwyl i'r holl lwyddiant hwn. Ar ôl trychineb Stadiwm Heysel yn 1985, gwaharddwyd tîmau lloegr rhag chwarae yn Ewrop am gyfnod hir. Yn sgil hyn, ymadawodd nifer o chwaraewyr blaenllaw'r clwb, ynghyd â'r rheolwr llwyddiannus, Howard Kendall. Nid rhyfedd i'r clwb golli cyfeiriad am gyfnod.

Ond aros yn deyrngar i Everton wnaeth Neville Southall, ac fe gafodd ei wobrwyo pan ddaeth dyddiau gwell i'r clwb. Roedd yn dal i chwarae'n dda – ddeng mlynedd ar ôl iddo gael ei enwi'n chwaraewr gorau'r tymor, a Joe Royle nawr yn rheolwr, fe enillodd Southall Gwpan Lloegr unwaith yn rhagor pan gurwyd Manchester United 1-0.

Ar ôl cyfnod mor ffyddlon a ffrwythlon gyda'i glwb, felly, doedd hi ddim yn hawdd i Neville Southall pan ddaeth ei yrfa yn Goodison i ben yn 1998, wedi 578 o ymddangosiadau. I'r cynghreiriau is yr aeth o i ennill ei fara menyn. Yn y flwyddyn 2000 fe gafodd un cyfle arall arni yn yr Uwch Gynghrair, yn chwarae i Bradford. Gwnaeth y papurau hwyl am ei ben y diwrnod canlynol gan fod Neville wedi magu pwysau mawr, a hynny er ei fod wrth ei fodd yn ymarfer yn galed. Mae o'n parhau i chwarae gêmau elusennol, ac yn ysgrifennu colofn i bapur newydd – ac mae yn un o'r cyn-chwaraewyr hynny sydd wedi bod yn eithaf beirniadol o John Toshack.

O ran Cymru, fe chwaraeodd Southall ei gêm gyntaf ar y Cae Ras yn erbyn Gogledd Iwerddon – yn lle Dai Davies, a Chymru'n ennill 3-0. Aeth ymlaen i gynrychioli ei wlad ar 92 o achlysuron, sy'n record hyd heddiw. Sawl tro fe wnaeth arbediadau campus a lwyddodd i ennill pwyntiau di-ri i Gymru. Ond, fel pob chwaraewr arall yn y gyfrol yma, ar ôl John Charles, chafodd o mo'r cyfle i chwarae mewn rowndiau terfynol.

Fel arfer, roedd Southall yn hollol ddibynadwy, ond fe gafodd ambell eiliad wan. Pan gâi Terry Yorath, y rheolwr, ei holi am Gymru, arferai bwysleisio bygythiad Rush, Hughes, Saunders a Giggs. Doedd o ddim yn poeni am yr amddiffyn, meddai. 'Os caiff yr amddiffyn ei dreiddio, yna mae Nev wastad yno.' Ond doedd Nev ddim ar ei orau yn y gêm fawr yn erbyn Romania yn

1993. Gofynnwch i unrhyw gefnogwr pêl-droed yng Nghymru be mae o, neu hi, yn ei gofio am y noson honno, ac mi fydd bron pawb yn dweud, 'Paul Bodin yn methu cic o'r smotyn.' Ond erbyn hynny roedd Cymru eisoes ar ei hôl hi gan fod Southall wedi gadael i ergyd o bymtheg llath ar hugain, gan Georgi Hagi, lithro o dan ei gorff!

Am gyfnod, pan oedd Bobby Gould yn rheolwr, mae'n rhaid bod Southall wedi teimlo ei fod yn ôl yn chwarae gyda Llandudno Swifts. Cafodd Cymru ambell gweir yn y cyfnod hwnnw, yn ildio cryn dipyn o goliau, 6-4 yn Istanbwl yn erbyn Twrci, a 7-1 yn Eindhoven yn erbyn yr Iseldiroedd. Ond nid ar y golwr yr oedd y bai. Roedd Neville Southall yn wefreiddiol yn y gêm yn erbyn yr Iseldiroedd, gan wneud sawl arbediad campus. Oni bai am Southall mi fyddai wedi gallu bod yn bymtheg a mwy!

Roedd Southall wastad wedi datgan, gydol ei yrfa, y byddai'n dymuno bod yn hyfforddwr neu'n rheolwr. Roedd sawl rheolwr yn gweld hynny fel bygythiad iddyn nhw, yn enwedig gan ei fod yn gymeriad diflewyn-ar-dafod, bob amser yn barod i ddweud ei ddweud. Ond fe gafodd gyfle – am un gêm – ar y cyd gyda Mark Hughes, pan chwaraeodd Cymru yn erbyn Denmarc yn Anfield yn sgil ymddiswyddiad Bobby Gould. Ymadawodd Gould ar ôl i Gymru golli 4-0 yn erbyn yr Eidal yn Bologna yn 1997, a gyda llaw, fe ddisgrifiwyd Cymru y noson honno gan y rheolwr enwog, Fabio Capello, fel y tîm rhyngwladol gwaethaf roedd o erioed wedi ei weld.

Yn y gêm honno yn erbyn Denmarc, Neville oedd ar y fainc a Mark yn chwarae. Ond, y sôn yw nad oedd y chwaraewyr eraill wedi cymryd at ddulliau Neville o hyfforddi ac, oherwydd hynny, i Mark Hughes yr aeth y swydd.

Fe gafodd Neville gynnig y swydd o fod yn hyfforddwr-golwr yn Everton ond, am ryw reswm, fe wrthododd y cynnig. Fe gafodd swydd gyda chlwb Dover Athletic yng Nghynghrair y Conference, ond fu o ddim yno'n hir iawn. Gan ei fod wedi ymgartrefu yn ardal Dover, yno y mae o hyd, yn hyfforddi'r mewnfudwyr i'r ardal.

Mi fues i'n ddigon ffodus i'w wylio sawl tro yn ymarfer yn

Bellevue, maes ymarfer Everton. Roedd yr ymdrech a wnâi yn anhygoel – bob amser yn cynnig cant a deg y cant, ac yn mynnu'r un math o ymroddiad gan y rheiny o'i gwmpas. Ond person annibynnol iawn oedd o; doedd o ddim yn cymysgu gyda gweddill y garfan.

Esiampl arall o'i ymroddiad oedd taith tîm Cymru ddiwedd tymor 1992 i Siapan ar gyfer y Cwpan Kirin. Roedd Cymru wedi eu gwahodd yno ynghyd â'r Ariannin. Peter Shreeves oedd y rheolwr, gan fod Terry Yorath wedi aros gartref wedi marwolaeth sydyn ei fab, Daniel.

Gan ei bod yn ddiwedd tymor, roedd y chwaraewyr yn cymryd hwn fel cyfle i ymlacio, i fwynhau, i gymdeithasu ac i weld tipyn o'r wlad. Ond nid i Nev! Roedd o yn ymarfer yn galed bob dydd ac yn mynd i'w wely'n gynnar bob nos. Yr unig broblem oedd ei fod yn rhannu ystafell gyda Tony Roberts, ac roedd yn rhaid i hwnnw, druan, ddilyn yr un patrwm. Pan gyrhaeddodd y garfan yn ôl i faes awyr Heathrow ar ôl taith o bythefnos, y peth cyntaf wnaeth Tony oedd mynd i dafarn i gael Neville Southall allan o'i sustem!

Roedd yna newid byd dramatig i ddod. Nadolig 2001 oedd hi – Noswyl Nadolig, a dweud y gwir. Roedd Nev wedi gofyn i mi geisio cael gafael ar grys rygbi Cymru wedi ei lofnodi gan y chwaraewyr. Roedd cyfaill imi wedi cael un, ac roeddwn wedi trefnu cyfarfod â Nev yng nghyffordd 33 o'r M4. Roedd o wedi bod ar y fainc i Amwythig ar y nos Wener, fel ffafr i'w gyfaill Kevin Ratcliffe. Wedyn roedd wedi gyrru i lawr i Dover i gymryd sesiwn ymarfer gyda'r tîm hwnnw cyn eu gêm gyda Hastings ar Ŵyl San Steffan; yna gyrru i Abertawe er mwyn cynnal sesiwn ymarfer a hyfforddi i golwyr ifanc. Roeddwn i'n ei gyfarfod ar yr M4, ac yna roedd o'n ei throi hi am y Rhyl a chael cinio yn y gogledd cyn teithio 'nôl i Dover ar gyfer y gêm yn erbyn Hastings. Dim rhyfedd ei fod yn edrych wedi blino!

Go brin y caiff Neville Southall swydd hyfforddi gydag un o'r clybiau mawr, bellach. Mi fu'n rhaid iddo weithio'n galed er mwyn cael cydnabyddiaeth ar ddechrau ei yrfa ddeng mlynedd ar hugain yn ôl – ac mae'n ymddangos mai yr un yw'r sefyllfa ar ddiwedd ei yrfa.

(View Finder Pictures-Chester)

Ian Rush

Enw: Ian James Rush

Safle: Ymosodwr

Dyddiad geni: Hydref 20, 1961

Man geni: Llanelwy

Clybiau

1979-80	Caer
1980-87	Lerpwl
1987-88	Juventus
1988-96	Lerpwl
1996-97	Leeds United
1997-98	Newcastle
1998	Sheffield United ar fenthyg
1998-99	Wrecsam
1999-2000	Sydney Olympic

Cymru

1980-96

Rheolwr

2004-05 Caer

Os sefwch chi y tu allan i gastell Fflint ac edrych draw ar draws y dŵr tuag at y Wirrall, fe allwch chi weld ble mae Ian Rush yn byw. A dyna lle roeddwn i pan welais i â'm llygaid fy hun gymaint o wir arwr ydy Ian Rush. Roedd hi'n hawdd sylwi ar hynny pan oedd Rush yn chwarae o flaen miloedd yn Anfield, y Kop enwog, a'r rheiny'n ei addoli pan oedd y bêl yn taro cefn y rhwyd. Felly hefyd pan oedd yn gwisgo crys coch Cymru, a'r enw 'Rush' yn codi ofn ar gefnogwyr a chwaraewyr y gwrthwynebwyr.

Ond ganol dydd o flaen castell Fflint, fe welais i beth oedd arwraddoli. Roedd cyfnod Rush yn Anfield yn dod i ben. Doedd o ddim yn ddewis cyntaf yn y tîm, bellach. Dyma oedd y Lerpwl newydd yn yr Uwch Gynghrair o dan reolaeth Roy Evans, dirprwy John Toshack gyda Chymru; Lerpwl Robbie Fowler, Steve McManaman a David James.

Yno roeddwn i'n treulio wythnos yn gwneud rhaglen ar Rush a Lerpwl. Fe gafodd ei fagu yn y Fflint mewn tŷ bychan, yn un o ddeg o blant ac, fel yr eglurodd o wrtha i, os oedd yn gallu dod o hyd i le yn y tŷ hwnnw, yna roedd hi'n hawdd dod o hyd i le yn y cwrt cosbi!

Penderfynwyd mynd ag Ian Rush yn ôl i'r Fflint i'w holi am ei blentyndod. Roedd hi'n b'nawn tawel o flaen y castell a Rushie yn hel atgofion. Yn sydyn, daeth bachgen ryw saith mlwydd oed heibio, syllu, a gweiddi'n uchel, 'It's Rushie,' cyn diflannu. O fewn munudau roedd degau o bobl wedi ymgasglu, yn blant, yn famau a thadau, i gyd eisiau cael gair neu lofnod eu harwr. Fe drodd cyfweliad o ryw ddeng munud o hel atgofion yn awr a mwy o sgwrsio a llofnodi llyfrau, posteri, crysau, breichiau, tipyn o bopeth, a dweud y gwir.

Mae'n anodd tu hwnt derbyn, weithiau, fod gyrfa arwr yn dod i ben. Roger Hunt oedd fy arwr cyntaf i ac anodd oedd deall pam fod sgoriwr gwych fel hwnnw'n gadael Lerpwl am Bolton. Wrth gwrs, mi oedd yna reswm – oedran; amser cael gwaed newydd. Rush oedd Roger Hunt yr wyth degau a'r naw degau yn Anfield.

Mae Glannau Dyfrdwy wedi gweld sawl seren yn codi yn yr ugain mlynedd diwethaf – Ian Rush, Gary Speed, Kevin Ratcliffe a Michael Owen. Roedd Rush yn sgorio goliau di-ri yn ei arddegau, yn torri pob record bosib ac, yn naturiol, roedd yn denu sylw'r clybiau. Roedd o mewn man delfrydol, fel sawl un arall. Yn ogystal â Lerpwl, Everton, Manchester United a City, roedd o fewn tafliad carreg i glybiau fel Wrecsam, Tranmere a Chaer, ac i Sealand Road a Chaer yr aeth o i ddechrau ei yrfa. Alan Oakes, cyn-chwaraewr canol cae Manchester City oedd y rheolwr, a phryd hynny roedd Caer yn dîm taclus yn yr hen Drydedd Adran.

Trwy ei gampweithiau yn sgorio goliau i Gaer, fe ddechreuodd y clybiau mawr dalu sylw i Ian Rush. Manchester City oedd y cyntaf, oherwydd y cysylltiad ag Oakes, mae'n debyg. Fe aeth y cymeriad lliwgar, Malcolm Allison, rheolwr City, i'w wylio'n chwarae, a hefyd un o'r hyfforddwyr, cyn-gefnwr y clwb, Tony Book. Y farn yn gyffredinol oedd nad oedd Rush yn addas i glwb yn yr Adran Gyntaf. Dyna i chi gamgymeriad gan City!

Ble roedd City yn amau, roedd Lerpwl yn barod i fentro. Erbyn heddiw, wrth gwrs, arian trosglwyddo a chyflogau sydd yn cyfrif, ond bryd hynny, y clwb oedd yn bwysig – a Lerpwl oedd y gorau. O dan reolaeth Bill Shankly, ac wedyn Bob Paisley, roedden nhw naill ai'n datblygu talentau ifanc, Phil Thompson, Brian Hall ac yn y blaen, neu'n prynu talent ifanc, addawol, ac yn eu rhoi yn yr ail dîm i'w hyfforddi cyn iddyn nhw ennill dyrchafiad i'r tîm cyntaf. Dyna oedd hanes Ray Clemence, Kevin Keegan, Terry McDermott, Larry Lloyd – a dyna oedd i ddigwydd i Rush.

£300,000 oedd y swm dalwyd amdano. Swm anferth ar y pryd am fachgen ifanc dibrofiad. Ysgol brofiad oedd yr ail dîm i'r Rush swil yn Anfield, ysgol galed, ac ar brydiau roedd o am roi'r ffidil yn y to. Amser caled, yn enwedig o gofio pe bai o'n cael ei ffordd, draw ym Mharc Stanley y byddai'n chwarae, i Everton. Fel cymaint o chwaraewyr amlycaf Lerpwl, cefnogwyr Everton oeddynt! Dyna i chi Robbie Fowler, Steve McManaman a Jamie Carrager, yn ogystal ag Ian Rush.

Dyma gyfnod pan oedd Lerpwl yn eu hanterth. Yn ennill yr Adran Gyntaf yn gyson ac yn ben yn Ewrop – ennill yn Rhufain yn 1977, yn Wembley y flwyddyn ganlynol, ac roedd mwy, llawer mwy, o lwyddiant i ddod yn yr wyth degau. Yn ystod y saith

(Western Mail & Echo)

degau cynnar roedd partneriaeth ffrwythlon wedi datblygu rhwng Kevin Keegan a John Toshack ac roedd y Cymro ifanc newydd ar fin sefydlu partneriaeth wefreiddiol gyda'r gŵr gymerodd le Keegan, sef Kenny Dalglish.

Ond ar y cychwyn roedd Rush yn teimlo rhwystredigaeth. Doedd o ddim yn cael cyfle yn y tîm cyntaf er ei fod yn sgorio i'r ail dîm. Aeth i weld Bob Paisley, ac ateb y rheolwr oedd os oedd Rush am gael dyfodol yn Anfield, roedd yn rhaid iddo fod yn fwy hunanol. Dyna oedd y cyngor syml; ac, yn ddoeth, gwrandawodd Rush.

Unwaith y cafodd o'r cyfle, doedd dim troi nôl. Daeth y goliau – roedden nhw'n llifo – daeth y tlysau, yn bencampwriaethau ac yn gwpanau ym Mhrydain ac yn Ewrop. Dyna i chi bartneriaeth gyda'r Albanwr, Dalglish: poenydio amddiffynfeydd ar bob lefel – Dalglish yn creu, a Rush yn torri pob record wrth ganfod cefn y rhwyd. Roedd Rush yn gyflym, roedd o'n amseru ei rediadau yn berffaith ac, yn ôl llawer, Rush oedd amddiffynnwr gorau Lerpwl, hefyd – roedd o'n gweithio mor galed yn y blaen, yn rhoi cymaint o bwysau ar amddiffyn y gwrthwynebwyr, fel bod llai o bwysau ar ei gefnwyr ei hyn. Yn wir, mi oedd yna gyfnod hir pan oedd Ian Rush yn sgorio, doedd Lerpwl ddim yn colli. Daeth y record i ben yn rownd derfynol Cwpan y Cynghrair yn Wembley yn 1987, yn erbyn Arsenal – Rush yn rhoi Lerpwl ar y blaen, ond Charlie Nicholas yn sgorio ddwywaith i dîm George Graham, ac yn ennill y Cwpan.

Un tîm a ddioddefodd yn fawr oedd Everton, yn enwedig ar un achlysur mewn gêm *dderby* yn Goodison, a Lerpwl yn ennill 5-0, gyda Rush yn sgorio pedair, ac yn y gôl i Everton y diwrnod hwnnw yr oedd ei gyd-Gymro, Neville Southall.

Ar ddechrau tymor 2006, roeddwn i'n sylwebu ar y gêm rhwng Accrington Stanley a Wrecsam ar Radio Wales gyda chyngapten Everton, Kevin Ratcliffe. Yn ystod yr egwyl fe aethon ni draw i Barc yr Arfau yng Nghaerdydd am adroddiad ar gêm rygbi oedd yn cael ei chwarae yno y noson honno. Yn chwarae i'r Gleision y noson honno roedd Zavier Rush, ac mi alla i daeru pan

---

Arwr Lerpwl – ac un o'r sgorwyr mwyaf naturiol erioed.

ddywedodd y sylwebydd yr enw 'Rush', i Kevin Ratcliffe neidio yn ei sedd ac edrych y tu ôl iddo!

Doedd bywyd, wrth gwrs, ddim yn fêl i gyd i Ian Rush gyda Lerpwl. Roedd o yn Heysel yn 1985 pan laddwyd 39 o gefnogwyr Juventus pan ddisgynnodd wal yn yr hen stadiwm ym Mrwsel yn ystod gêm derfynol Cwpan Ewrop. Hefyd, roedd o wedi ailymuno â Lerpwl pan ddigwyddodd trychineb Hillsborough yn 1989, a 96 o gefnogwyr y clwb yn cael eu lladd yn y tagfeydd y tu ôl i'r gôl yn ystod gêm gyn-derfynol Cwpan Lloegr yn erbyn Nottingham Forest. Mae digwyddiadau o'r math yna yn gadael eu hôl.

Oherwydd y digwyddiadau yn Heysel, mae'n eironig mai i Juventus yr aeth Ian Rush o Lerpwl yn haf 1986. Ond roedd hi'n gyfnod anodd iddo yn yr Eidal, a theg dweud iddo fethu â setlo. Roedd y disgwyliadau'n uchel, yn rhy uchel o bosib, oherwydd roedd y cymariaethau yn amlwg gyda chawr arall o Gymro, sef John Charles. Roedd hwnnw'n cael ei addoli o hyd yn Turin lle bu'n llwyddiant mor ysgubol. I Rush, roedd un dyfyniad yn crynhoi'r cyfan – 'Mae hi fel bod mewn gwlad dramor!' meddai.

Nid arno fo yr oedd y bai i gyd. Roedd Juventus ar y pryd yn dîm amddiffynnol; roedd yn rhaid i Rush addasu i'w steil nhw o bêl-droed. Doedden nhw ddim am gyfaddawdu ac adeiladu tîm o gwmpas cryfderau Rush.

Doedd hi fawr o syndod i Rush beidio ag aros yn Juventus yn hir iawn, ond roedd hi'n sioc pan ddaeth o yn ôl i Anfield – yn enwedig ar ôl i Lerpwl fwynhau tymor llwyddiannus hebddo, gyda John Aldridge yn llenwi'r bwlch. Yn bersonol dw i'n credu ei bod hi'n deg dweud nad oedd Ian Rush yr un mor llwyddiannus yn ei ail gyfnod yn Anfield. Doedd y goliau ddim yn llifo, a dioddefodd gydag anafiadau. Ond fe osododd ei stamp ar rownd derfynol Cwpan Lloegr yn 1989, rownd derfynol hynod emosiynol ar ôl digwyddiadau Hillsbrough. Fe ddaeth ymlaen fel eilydd a sgorio ddwywaith mewn buddugoliaeth 3-2 yn erbyn Everton.

O fod yn arwr yn Anfield, fe aeth i Leeds a Newcastle cyn ymuno â Wrecsam, a Brian Flynn. Roedd yna gyffro mawr ar y

Cae Ras. Mi gafodd o ddyletswyddau hyfforddi, hefyd, a'i bresenoldeb yn siŵr o fod yn ysbrydoli ieuenctid y clwb. Ond, wedi dechrau addawol, mae'n rhaid dweud iddo ddioddef tipyn o hunllef. Sgoriodd o ddim yr un gôl i'r tîm cyntaf, ac mae rhai o'r cefnogwyr yno yn ei ystyried fel y chwaraewr gwaethaf i gynrychioli'r tîm – sy'n ddweud mawr pan mae dyn yn ystyried rhai o'r chwaraewyr sydd wedi chwarae drostyn nhw! Mawr yw cwymp y cewri!

Ers iddo orffen chwarae mae Rush wedi cyflawni sawl swydd – rheolwr am gyfnod ar ei glwb cyntaf, Caer; chwarae rôl fel llysgennad i Lerpwl o gwmpas y byd, yn enwedig yn Asia a De Affrica; hyfforddi tîmau ieuenctid, a gweithio o flaen y camerâu teledu i'r BBC a Sky. Yn wir, tipyn o bopeth. Erbyn hyn mae o wedi derbyn swydd gydag Ymddiriedolaeth y Gymdeithas Bêl-droed yn eu hymgyrch i ddenu mwy o blant i chwarae pêl-droed yng Nghymru, ac i ddatblygu talent ifanc.

Fel pob Cymro er 1958, dydy Ian Rush ddim wedi llwyddo i chwarae mewn rownd derfynol dros ei wlad. Mae'n anodd meddwl erbyn heddiw bod Cymru, gyda Southall, Ratcliffe, Hughes, Rush, a sawl un arall, wedi methu gwneud hynny yn yr wyth degau pan lwyddodd Gogledd Iewrddon ddwywaith, yn 1982 a 1986, o dan reolaeth Billy Bingham.

Roedd yna uchafbwyntiau, wrth gwrs, a'r mwyaf ohonyn nhw mae'n siŵr oedd mis Mehefin 1991 yn yr hen Stadiwm Genedlaethol – Cymru yn erbyn Pencampwyr y Byd ar y pryd, Gorllewin yr Almaen. Mae'r symudiad a'r gôl yn aros yn y cof hyd heddiw. Ratcliffe yn ennill y dacl ar ochr cwrt cosbi Cymru, y bàs allan i Paul Bodin, hwnnw'n camu ymlaen cyn codi'r bêl dros amddiffyn yr Almaenwyr, cyflymdra Ian Rush i gyrraedd y bêl yn gyntaf ac yna'n sgorio heibio i Ilgner yn y gôl. Roedd honno'n un o'r nosweithiau bythgofiadwy hynny pan oedd dyn yn teimlo bod y tîm pêl-droed cenedlaethol ar fin creu tipyn o hanes ond, unwaith eto, fe drodd y freuddwyd yn hunllef.

Dyw'r atgof nesaf ddim mor bleserus. Pan benderfynodd Ryan Giggs roi'r gorau iddi yn ddiweddar fel chwaraewr gyda Chymru, fe gafodd y cyfle i wneud hynny yng Nghaerdydd, o flaen ei gefnogwyr ei hun – cyfle i'r selogion dalu teyrnged iddo. Chafodd Ian Rush mo'r un cyfle. Bobby Gould oedd y rheolwr ar y pryd, a doedd y ddau ddim yn gweld lygad yn llygad. Yn ei sesiwn ymarfer gyntaf fel rheolwr, roedd Gould wedi bychanu Rush, a thrwy hynny fe gollodd barch y prif chwaraewyr, Speed, Saunders a Hughes, yn syth. Fe aeth Cymru i chwarae gêm gyfeillgar yn yr Eidal, mewn tref fach o'r enw Terne, ryw ddwy awr ar fws o Rufain. Roedd hi'n tywallt y glaw, y maes yn drwm, digon annifyr a dweud y gwir, a Chymru'n colli 3-0. Eilyddwyd Rush. Ar ôl y gêm roedd Rush yn awyddus i ddychwelyd i Rufain i weld cyfeillion, rhai oedd wedi teithio o Turin i'w weld. Ond gwrthododd Gould iddo gael mynd – rhaid oedd mynd i ginio swyddogol, ac fe aeth hi'n ddadl. Dyna ddiwedd ar yrfa ryngwladol Ian Rush. Trueni. Roedd o'n haeddu rhyw fath o ffanffer.

Oherwydd eu dawn, ac oherwydd eu cariad at y gêm, mewn unrhyw gamp, mae rhai o'r goreuon yn penderfynu aros ar y llwyfan yn rhy hir, yn hytrach na ffarwelio ar y brig. A dyna dw i'n credu wnaeth Ian Rush. Dylai fod wedi ffarwelio â'r Kop yn Anfield, nid â'r Kop yn Wrecsam ar ôl colli yn rownd derfynol y Cwpan Cenedlaethol yn erbyn y Barri, neu fel rheolwr ar Gaer yng ngwaelodion yr Ail Adran, ac yn cael y sac.

Ond mae un peth yn sicr, ni all y diwedd siomedig i'w yrfa fyth bylu disgleirdeb un o'r sêr mwyaf yn hanes y gêm yng Nghymru. Mae ei 28 gôl dros ei wlad yn record hyd yn hyn, a braint oedd cael ei weld yn chwarae.

(Western Mail & Echo)

Mark Hughes

Enw: Mark Hughes

Safle: Blaenwr

Dyddiad geni: Tachwedd 1, 1963

Man geni: Rhiwabon ger Wrecsam

Clybiau

1980-86	Manchester United
1986-87	Barcelona
1987-88	Bayern Munich ar fenthyg
1988-95	Manchester United
1995-98	Chelsea
1998-2000	Southampton
2000	Everton
2000-02	Blackburn Rovers

Cymru

1984-97

Rheolwr

1997-2004	Cymru
2004-	Blackburn Rovers

Nos Sul oedd hi, yng ngwesty tîm Cymru ar gyrion dinas Caerdydd, yn y dyddiau cyn i'r BBC golli'r hawliau i ddarlledu gêmau rhyngwladol i gwmni Sky.

Yn ôl yr arfer mi oeddwn i, ynghyd â gŵr camera a chynhyrchydd, wedi mynd yno i wneud cyfweliadau gyda'r rheolwr, Mark Hughes, a thri o'r chwaraewyr, rhai fel Robbie Savage, John Hartson, Craig Bellamy a Gary Speed – y nhw oedd y siaradwyr gorau yn y garfan. Roeddwn wedi trefnu gyda Mark i fod yn y gwesty erbyn tua hanner awr wedi pump. Doedd hi byth yn broblem gyda'r chwaraewyr, ond doedd amser yn golygu dim i Mark, ac ar nosweithiau fel hyn mi fyddai chwech yn mynd yn saith, yn wyth, ac weithiau'n hanner awr wedi deg cyn i Mark ddod i roi cyfweliad. Wrth gwrs, dyma'r noson roedd y chwaraewyr yn ymgynnull, ac roedd angen sgwrsio â nhw, gweld a oedd rhywun wedi ei anafu, ac yn y blaen. Nid gwneud cyfweliad teledu oedd ei flaenoriaeth. Y noson honno gofynnais iddo pryd y gallwn i gael cyfweliad. 'Dwi'n mynd i redeg yn gyntaf,' meddai Mark. 'Un byr neu hir?' meddwn innau. 'Wel, dwi'n ymarfer ar gyfer marathon Llundain', meddai yntau. Hir oedd yr aros!

Erbyn heddiw, ac yntau'n rheolwr ar Blackburn, mi rydan ni'n dau'n chwerthin wrth drafod yr hen ddyddiau, ac mae bod yn amyneddgar gyda Mark Hughes wedi talu ar ei ganfed i mi ers iddo ddod yn rheolwr ar Blackburn. Mae o'n fwy naturiol yn y swydd ac wedi hen arfer delio â'r wasg. Yn y bôn, gŵr swil, tawel a diymhongar ydy Mark Hughes oddi ar y cae.

Ar wahân i gyfnod Terry Yorath wrth y llyw ddiwedd yr wyth degau a chychwyn y naw degau, cyfnod Mark Hughes fel rheolwr ar Gymru fu'r un mwyaf cyffrous yn hanes y tîm cenedlaethol – cyrraedd gêmau ail-gyfle Pencampwriaethau Ewrop, chwarae yn gyson o flaen 70,000 a mwy o gefnogwyr yng Nghaerdydd, a churo'r Eidal 2-1 yn Stadiwm y Mileniwm. Do, fe wnaeth o gamgymeriadau, rhai mawr, ond dyma oedd ei swydd gyntaf fel rheolwr, ac ysgol galed yw ysgol profiad.

Bachgen o Riwabon ydy Mark Hughes ac fe ddes i ar draws ei enw am y tro cyntaf mewn rhaglen gêm yn Wrecsam tua 1978-79. Dyma'r cyfnod pan oedd Wrecsam o dan reolaeth Arfon Griffiths yn yr hen Ail Adran, ac yn meddu ar dîm gweddol. Roedd sawl un o ieuenctid addawol gogledd Cymru yn cael eu gwahodd i'r Cae Ras am dreialon neu am gyfle i ymarfer yno. Ac ar y dudalen arbennig oedd yn trafod pigion yr wythnos, roedd sôn am ddau fachgen ifanc lleol, addawol – Jamie Salter a Mark Hughes. Ond nid i Wrecsam yr aeth Hughes. Roedd yna glwb mwy yn galw; Manchester United – United tra gwahanol i'r clwb sydd yno heddiw.

Roedd Manchester United, fel clwb ac fel tîm, wedi bod yn y diffeithwch ers ymddeoliad Matt Busby fel rheolwr. Busby oedd wrth y llyw pan enillodd y tîm Bencampwriaethau a Chwpan Ewrop yn 1968, yn curo Benfica 4-1 yn y rownd derfynol yn Wembley. Dyma gwblhau breuddwyd Busby wedi deng mlynedd o ailadeiladu tîm wedi trychineb Munich, pan laddwyd cymaint o'i chwaraewyr mewn damwain awyren ar y ffordd yn ôl o gêm yn Belgrâd.

Roedd sawl un wedi ceisio efelychu llwyddiant Busby, ond heb fawr o lwc – Wilf McGuinness, Frank O'Farrell, Tommy Docherty a Dave Sexton. Yn wir, fe dreuliodd y clwb un tymor yn yr hen Ail Adran yng nghanol y saith degau. Anodd credu hynny heddiw. Do, fe aethpwyd ati i ennill ambell gwpan, ond y Bencampwriaeth oedd y nod yn Old Trafford. Roedd un tîm ben ac ysgwydd yn well na neb arall ym Mhrydain ac yn Ewrop yn y cyfnod hwnnw, sef Lerpwl, a bois bach, roedd hynny'n brifo yn Old Trafford! Pan ymunodd Hughes ag United, y cymeriad mawr, lliwgar, Ron Atkinson oedd y rheolwr. O dan arweiniad Atkinson fe lwyddodd United i ailafael yn eu traddodiad o chwarae pêl-droed cyflym, cyffrous ac ymosodol, ond doedd dim Pencampwriaeth i fod.

Roedd hi'n dipyn o sioc, felly, ar ôl chwe mlynedd, i United benderfynu gwerthu Hughes i Barcelona yn Sbaen. Terry Venables oedd y rheolwr yn Barcelona, ac roedd wedi llwyddo i ddenu dau chwaraewr arall o Brydain i'r Nou Camp, sef yr Albanwr, Steve Archibald, a'r Sais, Gary Lineker. Ond nid dyma oedd y cyfnod mwyaf disglair yn hanes Mark Hughes. Yn aml iawn roedd o ar y fainc, ac roedd yn anodd iddo ddygymod â hynny.

Fel ei gyd-Gymro Ian Rush, oedd yn yr Eidal yn chwarae i Juventus, byr iawn fu'r arhosiad dramor yn Sbaen. Cyn bo hir fe aeth ar fenthyg i Bayern Munich yn yr Almaen. O bosib fod y dull mwy corfforol o chwarae pêl-droed yn y wlad honno'n ei siwtio. Tra oedd yno, gyda llaw, fe chwaraeodd ddwy gêm mewn un diwrnod! Tua amser te y diwrnod hwnnw fe chwaraeodd dros Gymru yn erbyn Tsiecoslofacia yn Prague. Roedd angen y fuddugoliaeth ar Gymru er mwyn cyrraedd rowndiau terfynol Pencampwriaethau Ewrop yn 1988. Colli fu'r hanes. Y noson honno roedd Bayern am iddo chwarae mewn gêm gwpan yn yr Almaen. Felly, yn syth ar ôl gêm Cymru, fe'i cludwyd mewn hofrennydd i'r Almaen, a death ymlaen fel eilydd yng ngêm Bayern. Heddiw, châi o ddim chwarae dwy gêm mewn wythnos, heb sôn am ddwy mewn noson, mewn dwy wlad wahanol!

Yn 1988, dychwelyd wnaeth o i Old Trafford, a bod yn rhan o hanes a datblygiad aruthrol y clwb o dan reolaeth Albanwr arall, Alex Ferguson. Roedd Ferguson yn gyn-chwaraewr gyda Glasgow Rangers ac wedi mwynhau llwyddiant aruthrol fel rheolwr yn yr Alban – yn gyntaf gyda chlwb bach East Stirling, cyn symud i St Mirren ac, yn gofiadwy, i Aberdeen. Tra oedd yn rheolwr yno, yn 1981, fe enillodd Gwpan Enillwyr Cwpanau Ewrop. Dyma, yn sicr, oedd wedi creu argraff ar gyfarwyddwyr Manchester United oedd yn dyheu am y dyddiau da. Aeth y Cadeirydd, Martin Edwards, ati i ddenu rheolwr oedd yn cael ei gydnabod fel gŵr caled, disgybliwr, oedd yn mynnu safonau uchel. Fyddai dim *nonsense* gyda Ferguson. Roedd ganddo dymer go iawn!

Yn y dyddiau cynnar mi fu'n anodd tu hwnt arno, ac roedd sibrydion ar led ei fod ar fin colli ei swydd. Yn ôl pob sôn roedd Ferguson o fewn un gêm – gêm gwpan yn Nottingham Forest – i gael y sac, er bod Martin Edwards wedi gwadu hynny sawl tro. Cael a chael oedd hi, ond curwyd Forest ac fe gyrhaeddodd United y rownd derfynol a chwarae yn erbyn Crystal Palace. Mewn gêm gyffrous, 3-3 oedd y sgôr terfynol. Sgoriodd Mark

Sparky – y cawr. Tawel a diymhongar oddi ar y cae, ond gwahanol iawn ar y cae.

Hughes ddwywaith, ond fe gofir y gêm yn bennaf am gamgymeriadau Jim Leighton yn y gôl i United. Chafodd o mo'i ddewis i'r ail-chwarae. Y tro hwn, enillodd United 1-0. Roedd hyder Leighton yn rhacs, a chwaraeodd o fyth eto i United. Flwyddyn yn ddiweddarach enillywd Cwpan Enillwyr Cwpanau Ewrop gyda buddugoliaeth, yn eironig, dros Barcelona. A phwy sgoriodd y goliau? Ie, Mark Hughes. Wrth i United fwynhau llwyddiant ac ennill pencampwriaethau, roedd Hughes yn allweddol yn y llwyddiant. Ond fel y soniwyd yn gynharach, rheolwr caled oedd Ferguson, a thra bod ganddo feddwl uchel o ddawn Hughes, doedd o ddim am sefyll yn ei unfan. Pan oedd wedi cael popeth allan o chwaraewyr fel Mark Hughes a Paul Ince, yna i ffwrdd â nhw.

Yn 1995 fe symudodd Hughes o Old Trafford a threulio cyfnodau byr gyda Chelsea, Southampton, Everton ac yna Blackburn Rovers. Fe gafodd lwyddiant anhygoel yng Nghwpan Lloegr, gan ennill pum medal enillwyr, sydd yn record, a gyda Blackburn yn Stadiwm y Mileniwm yng Nghaerdydd, enillodd Gwpan y Cynghrair, gan guro Tottenham 2-1. Sparky gafodd y wobr am chwaraewr gorau'r gêm. A thra oedd gyda Blackburn Rovers fe gafodd ei benodi'n rheolwr ar Gymru, yn 1997.

Fel chwaraewr bu'n gawr dros ei wlad, yn gyhyrog ar y naw, ac yn codi ofn ar ei wrthwynebwyr. Enillodd ei gap cyntaf ar y Cae Ras yn Wrecsam yn 1984 yn erbyn Lloegr – Cymru'n ennill o gôl i ddim, a Hughes yn sgorio yn ei gêm gyntaf! Ei bartner yn y blaen oedd Ian Rush – dau chwaraewr gwych – ond teg yw dweud iddynt fethu ag asio fel partneriaeth. Bu hynny'n broblem i Mike England a Terry Yorath. Ar brydiau roedd y cyfuniad yn gweithio – enghraifft dda oedd y gêm honno oddi cartref ym Mharc Hampden yn 1985, pan enillodd Cymru o gôl i ddim, a rhoi noson annifyr ar y naw i Willie Miller ac Alex McLeish yng nghanol yr amddiffyn. Ac un arall – ar y Cae Ras yn erbyn Sbaen yn yr un cyfnod; Cymru yn eu chwalu o dair gôl i ddim; dwy gôl gan Rush a tharan o foli gan Hughes – un o'r goliau gorau a sgoriodd o erioed.

Ond, unwaith eto, yr un hen stori – fel gyda chymaint o

chwearaewyr Cymru, doedd dim rowndiau terfynol i fod i Mark Hughes. Fe sgoriodd yn erbyn yr Alban yn 1985 ar Barc Ninian ond, ddeg munud cyn y diwedd, daeth yr Albanwyr yn gyfartal. Ac yna, yn erbyn Romania yn 1993 yng Nghaerdydd, Paul Bodin yn methu cic o'r smotyn a Chymru yn methu cyfle i fynd i'r Unol Daleithiau. Ond doedd Mark Hughes ddim ar y cae y noson honno. Yn y gêm flaenorol yn erbyn Cyprus roedd Cymru ar y blaen yn gyfforddus o ddwy i ddim a'r ymwelywr i lawr i naw dyn wedi i ddau o'r tîm gael eu danfon o'r maes. Am ryw reswm collodd Mark ei ddisgyblaeth, neidio'n hwyr i mewn i dacl a chafodd gardyn melyn a methodd y gêm yn erbyn Romania. Roedd colli ei bresenoldeb yn anferth o golled y noson honno.

Cyfnod digon anodd a llwm fu hi ar Gymru o dan arweiniad Mike Smith ac, yn sicr, gyda Bobby Gould. Wedi colli 4-0 yn erbyn yr Eidal yn 1997, rhoddodd Gould y gorau iddi, ac ar gyfer un gêm, ac un gêm yn unig, roedd Cymdeithas Pêl-droed Cymru wedi penderfynu y byddai Neville Southall a Mark Hughes yn rheolwyr ar y cyd ar gyfer y gêm yn erbyn Denmarc yn Anfield. Chwaraewyd yn Anfield oherwydd bod y stadiwm yng Nghaerdydd yn cael ei hailadeiladu, ac nad oedd stadiwm arall yng Nghymru yn ddigon addas ar gyfer y gêm. Colli 2-0 fu'r hanes, ond roedd y Gymdeithas wedi gweld digon i gynnig y swydd yn rhan amser i Mark, ac fe'i derbyniodd.

Ei gêm gyntaf fel rheolwr oedd honno oddi cartref yn Minsk yn erbyn Belarws. Enillywd y gêm 2-1, gyda Ryan Giggs yn penio gôl hwyr. Dw i'n cofio'r maes awyr ym Minsk ar ôl y gêm. Roedd pawb am fod yng nghwmni'r rheolwr, yn enwedig aelodau o'r Gymdeithas – pob un am gael tynnu ei lun gyda'r rheolwr newydd, llwyddiannus. Flwyddyn yn ddiweddarach roedden ni yn ôl yn Minsk ar gyfer gêm gyntaf rowndiau rhagbrofol Cwpan y Byd. Colli 2-1 fu'r hanes y tro hwn – a doedd neb am gael llun gyda'r rheolwr y noson honno. Yn wir, eistedd mewn cornel yr oedd o, ar ei ben ei hun bach, yn hel meddyliau.

Bu'n rhaid i Gymru aros tan ddiwedd y grŵp am eu buddugoliaeth gyntaf – gôl gan John Hartson yn curo Belarws yng Nghaerdydd. Roedd hwn yn gyfnod anodd i Hughes, a bu cryn feirniadu arno – yn arbennig gan John Toshack. Rhaid cyfaddef bod diffyg profiad Mark Hughes fel rheolwr yn amlwg – wedi'r cyfan, dyma'i swydd gyntaf – ond ar ôl cyfnod Bobby Gould fel rheolwr, a Chymru'n ildio saith a chwe gôl, mae'n rhaid cydnabod, hefyd, bod Cymru o dan arweiniad Hughes yn dîm anodd eu curo.

Yn araf bach daeth tro ar fyd, cafwyd gêm gyfeillgar gyfartal gyda'r Ariannin, curwyd yr Almaen 1-0 ac, yng ngêm gynta'r grŵp nesaf, enillwyd 2-0 yn Helsinki yn erbyn y Ffindir. Y gêm nesaf cafwyd un o'r nosweithiau mwyaf cofiadwy yn hanes y gamp wrth i Gymru guro'r Eidal, gyda goliau gan Simon Davies a Craig Bellamy. Cyn y gêm cafwyd cerddoriaeth gan y Manic Street Preachers, cyflwynwyd John Charles i'r dorf, a chanodd Bryn Terfel yr anthem. Dyna beth oedd noson i'w thrysori! Wedi buddugoliaeth yn ôl y disgwyl mewn dwy gêm yn erbyn Ajerbaijan, roedd Cymru ar frig y grŵp o bum pwynt, ac ar eu ffordd i Bortiwgal. Yn wir, yn y gêm gartref yn erbyn Ajerbaijan ym mis Mawrth, 2003, roedd torf o 75,000 yn gwylio. Dyna faint roedd y gefnogaeth i'r tîm cenedlaethol wedi cynyddu ers gêm gyntaf Mark Hughes fel rheolwr, gartref yn Wrecsam yn erbyn y Swisdir, pan oedd dim ond pum mil yn bresennol ar y Cae Ras.

Yn anffodus, doedd dim lle yn Portiwgal i fod. Daeth arwyddion fod pethau'n dechrau mynd o chwith ar y daith i'r Unol Daleithiau ddiwedd y tymor. Enwodd Mark Hughes garfan o bump ar hugain ac, yn anghredadwy, tynnodd deunaw allan. Collwyd yn Serbia ym mis Awst, a methodd Cymru ag ennill gêm arall yn y grŵp, gan orffen yn ail, y tu ôl i'r Eidal. Yn y gêmau ail-gyfle, taith i Moscow yn y gaeaf i wynebu Rwsia oedd gwobr y Cymru. Roedd yn benwythnos llwm, digalon o ran y tywydd, ond cafwyd perfformiad gwfreiddiol ar y cae, a gêm gyfartal ddi-sgôr. Yn yr ail gymal, gartref, colli 1-0 fu'r hanes, gyda Cymru'n chwarae gêm amddiffynol, negyddol, ofnus. Cadwyd Rob Earnshaw, prif sgoriwr Cynghreiriau Lloegr ar y pryd, ar y fainc, a phan ddaeth ymlaen fel eilydd fe'i chwaraewyd ar ochr dde ganol y cae yn lle ei safle arferol. Dyma un o gamgymeriadau mawr Hughes fel rheolwr. Wedi'r methiant roedd sôn bod Mark

Hughes ar ei ffordd i fod yn rheolwr ar Southampton, ac er ei bod hi'n hawdd dweud rŵan, mi ddylai fod wedi gadael pryd hynny.

Yn hytrach, roedd yn rheolwr o hyd pan ddaeth yr enwau allan o'r het ar gyfer y grŵp nesaf, grŵp oedd yn cynnwys Gogledd Iwerddon ac, yn bwysicach fyth, Lloegr. Hwn oedd y cyfle cyntaf mewn bron i ugain mlynedd i wynebu'r hen elyn. Ond siomedig oedd y cychwyn i'r grŵp. Gêmau cyfartal yn Ajerbaijan a gartref yn erbyn Gogledd Iwerddon. Roedd y ddwy nesaf, Lloegr yn Old Trafford a Gwlad Pwyl gartref, yn rhai allweddol. Ac yna'r sioc. Derbyniodd Mark Hughes swydd rheolwr Blackburn. Penderfynodd y Gymdeithas Bêl-droed ei fod yn cael parhau ar gyfer y ddwy gêm nesaf. Ond roedd ei feddwl yn rhywle arall. Di-ysbryd oedd y perfformiad yn erbyn Lloegr wrth golli 2-0, ac wedi gwethio'n galed i fynd ar y blaen yn erbyn Gwlad Pwyl, collwyd y gêm honno 3-2, ac roedd Cymru, i bob pwrpas, allan o'r gystadleuaeth. Ar y chwiban olaf trodd Mark Hughes ar ei sawdl a diflannu i lawr y twnnel yn Stadiwm y Mileniwm yng Nghaerdydd heb hyd yn oed gael y cyfle i ddweud ffarwél. Penderfynodd sawl un o'r chwaraewyr profiadol adael gydag o, Gary Speed a Mark Pembridge. Roedd eraill yn deyrngar iawn iddo, fel Robbie Savage, a phrin iawn oedd eu harosiad nhw pan benodwyd John Toshack i'r swydd yn 2004.

Go brin ei fod yn sôn yn gyhoeddus am ei gyfnod yn rheolwr ar Gymru, ond does dim dwywaith ei fod yn edrych yn ôl gyda balchder ar y cyfnod – y gêmau cofiadwy yn erbyn yr Almaen, Ariannin a'r Eidal; y stadiwm yn gyson yn llawn, a Chymru, ar un cyfnod, yn mynd ddeg gêm heb golli. Yn groes i ddadl rhai, gan gynnwys y rheolwr presennol, John Toshack, fe roddodd Mark Hughes gyfle i chwaraewyr ifanc fel James Collins, Danny Gabbidon, Simon Davies a Jason Koumas. Mae o ei hun yn teimlo iddo greu y *feel-good factor*, ac iddo godi disgwyliadau'r genedl nes iddo bron â disodli rygbi yn Stadiwm y Mileniwm – geiriau Mark, nid fi! Ac o'm rhan i, fel sylwebydd, a sawl un arall, o dan arweiniad Mark Hughes y cafwyd rhai o'r nosweithiau a'r cyfnodau mwyaf cofiadwy yn hanes y gêm yng Nghymru. Nid ystadegau yw popeth. Mae teimlad ac emosiwn yn cyfrif hefyd!

Pan gyrhaeddodd Hughes Blackburn Rovers, roedden nhw ar waelod yr Uwch Gynghrair. Aeth Eddie Niedwecki a Mark Bowen gydag o fel rhan o'r tîm rheoli; mae Cymro arall, Glyn Hodges, yn edrych ar ôl yr ail dîm. Yn raddol fe ddaethon nhw yn dîm anodd i'w curo, a bellach mae disgwyl iddyn nhw fod yn y deg uchaf yn gyson a chystadlu o ddifrif am le yn Ewrop.

Beth am y dyfodol? Yn ôl llawer, pan fydd Syr Alex Ferguson yn gadael Old Trafford, yna Mark Hughes fydd yn olynydd iddo. Mi gaiff o gefnogaeth y cefnogwyr beth bynnag. Yn rownd derfynol Cwpan Lloegr yn 2007, y gêm gyntaf yn ôl yn y Wembley newydd, roedd Chelsea yn chwarae yn erbyn Manchester United. Roedd cyn-chwaraewyr yn cael eu cyflwyno i'r dorf cyn y gêm – chwaraewyr clybiau oedd wedi ennill y gystadleuaeth yn yr hen Wembley. Ymysg y Cymry yno roedd Graham Williams, capten West Bromwich Albion yn 1968, Neville Southall ac Ian Rush. Mark Hughes gafodd y floedd uchaf. Pan gerddodd allan i'r maes roedd y sŵn yn fyddarol a'r gymeradwyaeth yn wresog – gan gefnogwyr y ddau dîm.

Beth bynnag mae Mark Hughes wedi ei gyflawni yn y byd pêl-droed, ac mae hynny'n sylweddol, dw i'n siŵr ei fod, yn dawel bach, yn gwybod ac yn cydnabod y dylai fod wedi arwain Cymru i rowndiau terfynol Pencampwriaethau Ewrop ym Mhortiwgal yn 2004. Efallai, rhyw ddiwrnod, y daw cyfle eto i Gymru ac i Hughes. Pwy a ŵyr?

Gary Speed

Enw: Gary Speed   Dyddiad geni: Medi 8, 1969
Safle: Canol cae   Man geni: Mancot ger Queensferry
                                        yn Sir y Fflint

Clybiau.
   1988-96   Leeds United
   1996-98   Everton
   1998-2004   Newcastle United
   2004-   Bolton Wanderers

Cymru
   1990-2004

Ar Fehefin 5 1991, llwyddodd Cymru i guro'r Almaen, Pencampwyr y Byd, 1-0 yn yr hen Stadiwm Genedlaethol yng Nghaerdydd, gyda gôl gan Ian Rush.

Y dydd Sul cyn y gêm reoddwn i'n digwydd bod yn cyflwyno *Sunday Grandstand* ar BBC Cymru, ac roedd y sylw'n bennaf i'r criced, a gêm Morgannwg. Ond rhwng y ddau fatiad, gêm undydd oedd hi, roeddwn i wedi trefnu i gael trafodaeth ar gêm Cymru ym Mhencamwpriaethau Ewrop.

Yn westai yn y stiwdio roedd y rheolwr, Terry Yorath, ac un o'r prif chwaraewyr, Dean Saunders.

Mae Dean wedi cael gyrfa amrywiol a lliwgar a dweud y lleiaf, a gellid dadlau ei fod yntau hefyd yn haeddu cael ei gynnwys yn y gyfrol yma. Yn sicr, doedd yna neb yn fwy parod i wisgo crys coch Cymru. Waeth beth fyddai'r amgylchiadau, a waeth ble roedd y gêm a phwy oedd y rheolwr, mi fyddai Dean yno. Yn wir, dw i'n ei gofio fo yn dweud yn y maes awyr yn Tunis, wedi i Gymru golli 4-0 yn erbyn Tiwnisia, y dylai Bobby Gould fod yn ffyddlon i'r rhai oedd yn barod i deithio o gwmpas y byd i chwarae mewn gêm gyfeillgar. Cyfeirio roedd o ato fo'i hun a chwaraewyr eraill fel Chris Coleman a Kit Symons, a phwyntio bys at un neu ddau o'r chwaraewyr amlwg oedd wedi penderfynu peidio â bod ar gael. Yn wir, nid yn unig Dean oedd yn ffyddlon i Gymru. Bob tro roedd Dean yn y garfan, gartref neu oddi cartref, mi fyddai ei rieni yno hefyd. Roedd tad Dean, Roy, wedi bod yn chwarae yn Anfield dros Lerpwl a hefyd ar y Vetch dros Abertawe. Od i Dean, hefyd, gynrychioli'r ddau glwb yna.

Ta waeth, yn ôl â ni i'r p'nawn yna yn y stiwdio. Yn ogystal â Dean Saunders, roedd y rheolwr wedi penderfynu dod â chwaraewr ifanc gydag o er mwyn iddo gael magu profiad o fod o flaen camerâu mewn stiwdio deledu, oherwydd roedd o'n sicr yn mynd i fod o flaen camerâu yn y dyfodol.

Ugain oed oedd y bachgen ifanc yma, roedd o newydd fod yn gapten ar dîm dan un ar hugain Cymru oedd wedi cael gêm gyfartal yn erbyn Gwlad Pwyl. A'r gŵr ifanc hwnnw oedd Gary Speed.

A bod yn onest, roedd gan Speed bopeth – roedd o'n ddeallus, yn edrych yn dda, ac roedd ganddo dipyn o bresenoldeb, hyd yn oed yn y cyfnod cynnar hwnnw.

Bachgen o Benarlâg ydy Gary ac, fel rydan ni wedi cyfeirio eisoes yn y gyfrol yma, roedd o mewn safle gwych o ran denu sylw clybiau. Cefnogwr Everton ydy Gary, ac mi fyddai wedi bod wrth ei fodd yn chwarae drostyn nhw, ond mi fyddai'n rhaid iddo aros am y cyfle. Yn hytrach, fe ymunodd â Leeds oedd, bryd hynny, dan reolaeth Howard Wilkinson – gŵr ag enw am fod yn ddisgyblwr. Mae'n anhygoel meddwl am y peth heddiw, ond fe enillodd Leeds y Bencampwriaeth yn yr hen Adran Gyntaf 'nôl yn 1991-92, ac fe aethon nhw ymlaen yn ddiweddarach i gyrraedd rownd gyn-derfynol Cwpan y Pencampwyr yn Ewrop.

Roedd Speed, felly, wrth chwarae i'r clwb o Elland Road, yn dilyn ôl traed chwaraewyr fel John Charles, Gary Sprake, Terry Yorath, Byron Stevenson, Carl Harris, Brian Flynn ac Alan Curtis, oedd i gyd wedi chwarae dros y clwb o Swydd Efrog, heb sôn am y Cymro enwog hwnnw, Vinnie Jones.

O ennill medal pencampwriaeth mor gynnar yn ei yrfa, mae'n siŵr bod y Speed ifanc wedi disgwyl mynd ymlaen i ennill llond trol o fedalau gyda'i glwb, ond nid felly yr oedd pethau i fod.

Methodd Leeds ag adeiladau ar eu llwyddiant a bu'n rhaid i Speed adael y clwb. Roedd y symudiad yn ymddangos yn un gwerth chweil iddo, sef i Everton, y clwb roedd o wedi ei gefnogi pan oedd yn fachgen ifanc.

Dw i'n cofio sylwebu ar ei gêm gyntaf dros ei glwb newydd yn erbyn Newcastle, o bawb, ac Everton bryd hynny'n cael eu rheoli gan Joe Royle, un arall o gyn-arwyr y clwb. Fe enillon nhw 2-0. Roedd Everton wedi ennill Cwpan Lloegr yn 1995, yn curo Manchester United yn Wembley gyda gôl gan Paul Rideout, ond eto methodd Everton ag adeiladu ar y llwyddiant. Yn wir, fe drodd pethau'n sur i Speed yn Goodison. Datganodd ei fod yn awyddus i adael y clwb, a'r cefnogwyr, oedd yn ystyried Speed yn gefnogwr yn union fel nhw eu hunain, yn methu â deall pam ei fod am adael y clwb. Trodd un neu ddau yn ei erbyn, ond doedd ganddyn nhw mo'r un dicter tuag ato fo ag a ddangoswyd tuag at Wayne Rooney pan symudodd hwnnw o Everton i

(Western Mail & Echo)

Manchester United. '*Once a Blue, always a Red*', fel maen nhw'n dweud!

O Everton fe symudodd Speed i Barc St James, a Newcastle. Rŵan mae Newcastle yn cael eu hystyried fel un o'r clybiau mwyaf yn Ewrop, nid ar sail unrhyw lwyddiant, cofiwch. Dydyn nhw ddim wedi ennill dim byd ers Cwpan y Fairs yn 1969 pan guron nhw Upjest Dosza o Hwngari yn y rownd derfynol gyda dau Gymro yn y tîm, Wyn Davies ac Ollie Burton. Ac er yr holl sôn am y cefnogwyr mwyaf selog yn y byd, dw i'n cofio Wrecsam yn mynd yno yn yr hen Ail Adran yn y saith degau, ac ychydig mwy na deg mil oedd yno'n gwylio.

A hyd heddiw, er penodi Kevin Keegan, Kenny Dalglish, Ruud Gullit, Graeme Souness a Syr Bobby Robson, dal i aros maen nhw am dlws.

Roedd Gary Speed yno yn yr un cyfnod ag Alan Shearer, a doedd hyd yn oed ei bresenoldeb o ddim yn ddigon i ysbrydoli'r tîm. Roedd Cymro arall, sef Craig Bellamy, wedi ymuno ag o hefyd er, fel gyda sawl chwaraewr arall oedd yno ar y pryd, roedd o'n denu mwy o benawdau am ddigwyddiadau oddi ar y cae nag ar y cae.

O ran medalau, diffrwyth oedd hi i Gary Speed gyda Newcastle, ac ymlaen ag o i Bolton Wanderes i gynnig blynyddoedd o wasanaeth arbennig i Sam Allardyce. Pan gurodd Bolton West Ham 4-0 ar Hydref 9 2006, Speed oedd y chwaraewr cyntaf erioed i chwarae 500 gêm yn yr Uwch Gynghrair. Pan symudodd Allardyce i Newcastle yn 2007, derbyniodd Speed y swydd o chwaraewr-hyfforddwr yn y Reebock gyda'r rheolwr newydd, Sammy Lee. Roedd hi'n hysbys fod Speed am fod yn rheolwr neu'n hyfforddwr, ac roedd wedi bod yn gofalu am dîm dan bymtheg Wrecsam ryw unwaith neu ddwy yr wythnos ar wahoddiad Dennis Smith pan oedd hwnnw'n rheolwr ar Wrecsam. Ac mi fyddai dyn yn tybio y bydd Speed, un diwrnod, yn rheolwr llwyddiannus, efallai ar ei wlad. Ond digon anodd fu'r dyddiau cynnar yn Bolton i Lee, y rheolwr newydd, ac i Speed fel

---

Mae Gary Speed wedi torri pob record dau haul yn yr Uwch Gynghrair. Pe na bai wedi ymddeol o'r llwyfan rhyngwladol byddai dyddiau cynnar John Toshack fel rheolwr Cymru wedi bod lawer yn haws.

hyfforddwr, gyda'r tîm yn y gwaelodion ar ddechrau'r tymor. Ddechrau mis Hydref 2007 fe roddodd Speed y gorau i'w swydd fel hyfforddwr er mwyn canolbwyntio ar ei chwarae ei hun. Erbyn canol y mis roedd Sammy Lee wedi colli ei swydd.

Mi roddodd Speed flynyddoedd o wasanaeth ffyddlon i Gymru, gan gychwyn ei yrfa pan oedd Terry Yorath yn rheolwr. Er bod Yorath yn rheolwr ar Abertawe ac ar Gymru ar y pryd, roedd ei gartref yn Leeds, ac yno roedd ei deulu'n byw. Roedd Yorath hefyd wedi cadw cysylltiadau agos â'r clwb, ac felly roedd yn gallu cadw llygad barcud ar ddatblygiad Speed fel chwaraewr yn Elland Road. Daeth i'w adnabod yn dda yn bersonol, hefyd.

Efallai i Yorath ffafrio Speed yn y gêm hollbwysig yna yn erbyn Romania, ei gêm olaf fel rheolwr. Roedd Mark Hughes yn absennol yn sgil gwaharddiad felly roedd llawer o ddarogan ynglŷn â phwy fyddai'n chwarae yng nghanol y cae y noson honno. Y chwaraewr oedd ar ben ei gêm ar y pryd oedd Jeremy Goss, o Norwich. Yn wir, roedd y tîm hwnnw o dan reolaeth Cymro o Fae Colwyn, Mike Walker, yn gwneud yn rhyfeddol yn Lloegr ac yn Ewrop, a phwy oedd yn ei chanol hi, Jeremy Goss. Ar noson y gêm yn erbyn Romania, anwybyddu talent Goss wnaeth Yorath, a mynd am Speed.

Mi oedd yna flynyddoedd digon llwm i ddilyn o ran Cymru ar ôl colli yn erbyn Romania – John Toshack yn para fel rheolwr am un gêm yn unig, Mike Smith yn cael ei ailbenodi, ac yna'r Gymdeithas Bêl-droed yn penodi Bobby Gould pan oedd pawb yn disgwyl ac yn gobeithio mai Brian Flynn fyddai'n cael y swydd.

Am un cyfnod o dan reolaeth Gould roedd Cymru ar frig eu grŵp, yn ceisio am le ym Mhencampwriaethau Ewrop, 1998. Ar ôl dwy gêm roedden nhw ar y brig, gyda chwe phwynt, wedi sgorio un gôl ar ddeg ac heb ildio'r un. Cofiwch, yn erbyn San Marino yr oedd y ddwy gêm!

Ond ar y daith i Rimini yn haf 1997, lle roedd Cymru yn paratoi ar gyfer y gêm gyntaf, roedd Gary Speed yn absennol. Mis Mehefin oedd hi, a'r tymor wedi gorffen, ond roedd y gêm wedi ei threfnu ers blwyddyn a mwy. Roedd cefnogwyr Cymru wedi trefnu eu gwyliau o amgylch y gêm – ond throdd Speed ddim i fyny i'r gêm! Roedd o ar ei fis mêl. Dim o'i le gyda hynny, meddech chi. Ond i'r cefnogwyr oedd wedi teithio ar gyfer y gêm, ac wedi trefnu eu gwyliau o amgylch grŵp Cymru, doedd hi ddim yn hawdd maddau hynny i un o brif chwaraewyr y tîm. Un waith oedd hynny. A bod yn deg, roedd Speed yn aelod ffyddlon o'r garfan – hyd yn oed yn teithio draw i'r Unol Daleithiau am bron i bythefnos pan oedd Cymru'n chwarae gêm gyfeillgar yn San Fransisco yn ystod teyrnasiad Mark Hughes. Oherwydd anaf, doedd dim gobaith bod Speed am chwarae, ond mi oedd o yno bob dydd yn y sesiynau ymarfer.

Mi fydd sawl un o'r farn nad oedd Speed ar ei orau dros Gymru. Efallai bod hynny'n wir yn gynnar yn ei yrfa pan oedd o'n chwarae yng nghanol y cae, ond fe aeddfedodd ei chwarae pan gafodd ei benodi'n gapten. Ac mi fu'n rhaid iddo chwarae yn safle'r cefnwr chwith yn aml iawn gan nad oedd gan Gymru gefnwr chwith oedd yn cael ei ystyried yn ddigon da ar ôl ymddeoliad Paul Bodin a Mark Bowen. Mi chwaraeodd o hefyd yn safle'r sgubwr.

Chwaraeodd Speed ei gêm olaf dros Gymru yn erbyn Gwlad Pwyl yn 2004 – yr un noson ag y gadawodd Mark Hughes y swydd o fod yn rheolwr. Ac o bosib mi wnaeth y rheolwr gamgymeriad mawr arall wrth eilyddio Speed y noson honno. Fel cymaint o weithiau, roedd hon yn gêm roedd yn rhaid i Gymru ei hennill. Fe weithion nhw'n galed tu hwnt, yn erbyn tîm da, i fynd ar y blaen 1-0. Roedden nhw'n drefnus a disgybledig pan gafodd Speed ei eilyddio. Roedd o wedi rhoi ei orau iddi, ac fe gafodd o gymeradwyaeth fyddarol wrth adael y maes. Yn sydyn, fel pe bai pawb wedi canolbwyntio ar ymadawiad Speed, fe gollodd Cymru eu disgyblaeth a'u siâp; fe ildion nhw dair gôl mewn byr amser a cholli 3-2 yn y diwedd. Roedd John Toshack, ymysg sawl un arall, yn feirniadol o'r rheolwr. Yn y cyswllt hwn, diddorol yw nodi bod Toshack ei hun wedi gwneud yr un peth yn union i Ryan Giggs yn ei gêm olaf yntau yn erbyn y Weriniaeth Tsiec ym Mehefin 2007!

Roedd colli Speed yn ergyd i Gymru, nid yn unig fel chwaraewr ond oherwydd ei ddylanwad ar y chwaraewyr ifanc. A dw i'n teimlo, pe bai o wedi aros, y gallasai fod wedi bod yn gymorth aruthrol i John Toshack. A phwy a ŵyr efallai na fyddai rhai o'r problemau gododd rhwng y rheolwr newydd a rhai o'r chwaraewyr profiadol wedi datblygu.

(Western Mail & Echo)

Ryan Giggs

Enw: Ryan Joseph Giggs

Safle: Asgell, ymosodwr, canol cae

Dyddiad geni: Tachwedd 29, 1973

Man geni: Caerdydd

Clybiau

1990-   Manchester United

Cymru

1991-2007

1991 oedd y flwyddyn. Roedd Cymru ar frig eu grŵp yn yr ymgyrch i gyrraedd rowndiau terfynol Pencampwriaethau Ewrop. Roedden nhw wedi curo Gwlad Belg gartref, ennill yn Lwcsembwrg, gêm gyfartal yng Ngwlad Belg, ac yna, ar noson fythgofiadwy yng Nghaerdydd, wedi curo Pencampwyr y Byd, Gorllewin yr Almaen, gyda gôl gan Ian Rush. Ond roedd Terry Yorath, y rheolwr, dan bwysau – ac nid oherwydd y canlyniadau.

Fel yr oedd yn digwydd bod, roedd yna fachgen ifanc swil a diymhongar yn denu'r holl benawdau gydag un o glybiau mwya'r byd, sef Manchester United. Ac roedd pawb yn awyddus i gael tamaid bach o amser y chwaraewr talentog yma, i gael cynnal cyfweliad gydag o. Ond roedd yna waharddiad gan ei reolwr clwb, Alex Ferguson, iddo beidio rhoi cyfweliadau – ac roedd y gwaharddiad yna yn ymestyn, meddai Ferguson, mor bell â Chymru. A dyna oedd Terry Yorath yn ei wynebu byth a beunydd mewn cynadleddau i'r wasg – pryd bydden ni'n gallu cael sgwrs gyda Ryan Giggs.

Dwy ar bymtheg oed oedd Giggs, ond roedd o'n dalent aruthrol, ac roedd Manchester United yn benderfynol na fyddai Giggs yn dilyn camau arwr y saith degau oedd yn digwydd bod yn chwarae yn yr un safle, sef George Best. Mae'n hysbys i bawb, bellach, fel yr aeth yr holl sylw, yr heip, yn ormod i Best. A dyna'r prif reswm pam roedd Ferguson a United am amddiffyn Ryan Giggs.

Dw i'n siŵr fod Ryan wedi cael llond bol ar atgoffa pobl, ond yng Nghaerdydd y cafodd o ei eni, a bu'n byw yno tan ei fod yn saith mlwydd oed. Ac eto, gydol ei yrfa, bu'n rhaid iddo atgoffa pobl mai Cymro oedd o, a'i fod yn falch o'r ffaith. Ond oherwydd iddo gynrychioli Ysgolion Lloegr yn ei arddegau, roedd sawl un o'r farn ei fod ar gael i chwarae i Loegr.

Dro ar ôl tro mi fyddwn i'n gyrru yn ôl o gêmau ar nos Sadwrn gyda fy nghyd-sylwebydd ar y radio, Ian Walsh, cyn-chwaraewr rhyngwladol, yn gwrando ar raglen *Six o Six* ar Radio Five Live gyda David Mellor, y cyn-weinidog yng nghabinet John Major, a chefnogwr Chelsea. Mi fyddai'n pregethu o hyd ac o hyd ynglŷn â'r ffaith nad oedd Ryan Giggs yn chwarae dros Loegr, a bod Graham Taylor, rheolwr Lloegr ar y pryd pan gychwynnodd Giggs ei yrfa ryngwladol, wedi gwneud camgymeriad mawr wrth anwybyddu Giggs a gadael i Gymru gael gafael arno. Bois bach, roedd Walshie a finnau'n cynhyrfu wrth glywed Mellor yn rhygnu ymlaen!

Fe symudodd Ryan Giggs i ardal Salford ym Manceinion pan ymunodd Danny, ei dad, â chlwb rygbi tri ar ddeg Swinton. A United oedd tîm y Giggs ifanc. Ymysg ei arwyr cyntaf roedd Mickey Thomas, yr asgellwr o Gymro gychwynnodd ei yrfa ddisglair a lliwgar gyda Wrecsam, cyn chwarae i bron bob clwb dan haul.

Yn eironig iawn, bu Ryan yn ymarfer gyda Manchester City am bum mlynedd wedi i Dennis Schofield, sgowt i City, ei argymell i'r clwb. Ac o bosib mai gyda City y byddai Ryan wedi bod oni bai am ddyfodiad Alex Ferguson i United yn 1986. Fe drawsnewidiodd bolisi ieuenctid y clwb dros nos, a phan oedd Ryan yn bedair ar ddeg mlwydd oed, fe aeth Ferguson draw i'w dŷ a'i lofnodi.

Roedd sawl rheolwr wedi ceisio a methu efelychu campweithiau Syr Matt Busby yn y pum degau a'r chwe degau yn Old Trafford. Roedd y llwyddiant wedi ei seilio'n bennaf ar bolisi ieuenctid hynod o lwyddiannus. Yn y pum degau roedd Busby wedi creu tîm y Busby Babes oedd ar fin gosod eu stamp ar Ewrop pan gafodd y rhan fwyaf ohonyn nhw eu lladd mewn damwain awyren ym maes awyr Munich yn 1958 ar eu ffordd yn ôl o gêm yng Nghwpan Ewrop yn Belgrade.

A dyma roedd Ferguson yn benderfynol o'i greu – strwythur i ddatblygu doniau ifanc. Yn ogystal â Giggs roedd ganddo dalentau megis David Beckam, Nicky Butt, y brodyr Neville – Gary a Phil – a Paul Scholes. Yn ogystal â hynny, wrth gwrs, roedd yno chwaraewyr o ddawn Mark Hughes, Roy Keane, Gary Pallister, Steve Bruce a Peter Schmeichel. A dyw hi fawr o syndod, felly, fod United, o dan arweiniad Syr Alex Ferguson, wedi ennill cymaint o dlysau yn yr un mlynedd ar hugain diwethaf.

Fe ddysgodd Giggs ambell wers yn gynnar yn ei yrfa. Roedd o'n gyfaill agos i Lee Sharpe. Y ddau yn ifanc, yn olygus ac yn

chwarae i Manchester United. Roedd llawer yn awyddus i gael eu cwmni ac i gael eu hadnabod. Ar y lefel uchaf yn y gêm mae'r gwobrau yn hael ofnadwy, ond mae yna bris i'w dalu o ran ymddygiad a delwedd. Ac roedd y temtasiynau yna i'r chwaraewyr ifanc. Ond reodd Ferguson yn gwybod am bopeth oedd yn digwydd – ble a pryd a sut roedd ei sêr ifanc allan yn mwynhau ym Manceinion. Un noson, ar ganol parti mewn tŷ ar gyrion y ddinas, lle roedd Sharpe a Giggs yn mwynhau eu hunain, fe ymddangosodd y rheolwr, rhoi pryd o dafod i'r ddau a'u hel adref. Fe ddysgodd Giggs y wers, a gwrando. Mewn trwy un glust, allan drwy'r llall oedd hi gyda Sharpe ac, o fewn dim, roedd o ar ei ffordd allan o Old Trafford.

O fewn y gêm fodern mae Giggs, mewn sawl ystyr, yn unigryw. Y bêl-droed sydd yn denu'r sylw, nid digwyddiadau oddi ar y cae, ac mewn oes pan mae yna gymaint o arian ar gael, a chwaraewyr yn symud o un clwb i'r llall, mae Ryan Giggs wedi bod yn United am un flynedd ar bymtheg a mwy, ac mae'n ymddangos ei fod am orffen ei yrfa yno.

Mae o wedi ennill naw pencampwriaeth gyda United, wedi bod yn llwyddiannus mewn gêmau cwpan gartref a hefyd yn Ewrop – United yn ennill Cwpan y Pencampwyr yn 1999 yn y ffordd fwyaf dramatig wrth guro Bayern Munich 2-1.

Pe bai dyn am grynhoi talent a gyrfa Giggs, yna Ebrill 14, 1999, fyddai'r diwrnod. Rownd gyn-derfynol Cwpan Lloegr yn Villa Park rhwng United ac Arsenal. Enillodd Giggs y bêl ar yr hanner ffordd a churo amddiffyn Arsenal ar ei ben ei hun cyn taro'r bêl heibio i David Seaman yn y gôl. Gwych! Dyna'r tymor, wrth gwrs, pan enillodd United y *treble* anhygoel, yr Uwch Gynghrair, Cwpan Lloegr a Chwpan Ewrop.

All geiriau fyth ddisgrifio talent rhywun fel Giggs tra'n chwarae dros United ond, yn wahanol i John Charles, mi fydd y dystiolaeth yno i gefnogwyr pêl-droed y dyfodol – oherwydd mae bron pob gêm y dyddiau hyn ar y teledu, ac mi fydd y cofnod yno am byth.

Dewin y bêl. Gwas ffyddlon a dibynadwy i Manchester United. Fel gwin da aeddfedodd dros y blynyddoedd gyda Chymru. Esiampl wych i unrhyw chwaraewr ifanc.

Felly, tra bod cefnogwyr Manchester United yn canmol Giggs i'r cymylau, nid felly mae hi wedi bod dros Gymru. Dw i'n ysgrifennu'r geiriau hyn ryw bythefnos ar ôl i Ryan Giggs roi'r gorau i chwarae pêl-droed rhyngwladol dros Gymru. Cefais ryw deimlad bod hynny ar fin digwydd pan gefais i sgwrs ag o cyn y gêm gyfeillgar yn erbyn Seland Newydd ar y Cae Ras yn Wrecsam ddiwedd Mai 2007. Wrth drafod ei ddyfodol gyda Chymru, soniais mai'r ffaith ei fod o'n Gymro oedd yn cyfrif am ei lwyddiant ar lefel clwb. Hynny yw, tra roedd Beckams, Gerrards a Lampards y byd yn chwarae mewn rowndiau terfynol dros eu gwlad, mi oedd o gartref yn ymlacio, ar ei wyliau, ac yn dod dros unrhyw fân anafiadau. Roedd o'n cytuno, gan ychwanegu y byddai'n gorfod asesu'r sefyllfa cyn bo hir. Bryd hynny roeddwn i'n amau y byddai'n rhoi'r gorau iddi ar ôl yr ymgyrch i gyrreadd rowndiau terfynol Pencampwriaethau Ewrop ddiwedd 2007. Doeddwn i ddim yn disgwyl iddo roi'r gorau iddi wedi'r gêm yn erbyn y Weriniaeth Tsiec ar ddechrau Mehefin.

Fe gychwynnodd ar ei yrfa yn Nuremberg yn erbyn yr Almaen yn Hydref 1991, a Chymru'n colli 4-1.

Dros y blynyddoedd bu'n chwarae ochr yn ochr â chwaraewyr fel Ian Rush, Mark Hughes, Gary Speed a Neville Southall. Fel gyda phob un ohonyn nhw, doedd y cyfle ddim i ddod i chwarae dros Gymru yn rowndiau terfynol unrhyw gystadleuaeth ryngwladol – er bod sawl chwaraewr yn datgan, bellach, fod chwarae yng Nghwpan Pencampwyr Ewrop yn golygu mwy.

Fe sgoriodd ei gôl gyntaf dros Gymru yng Nghaerdydd yn 1993 – cic rydd hyfryd heibio i Michelle Preu D'Homme yn y gôl i Wlad Belg, a Chymru'n ennill 2-0. Ond y fcirnidaeath ohono gan y cefnogwyr, a llawer yn y wasg, oedd bod eiliadau fel hynny yng nghrys coch Cymru yn rhai prin. Doedd o byth ar ei orau ac, wrth gwrs, wrth edrych ar ei record mewn gêmau cyfeillgar, doedd o ddim bob tro ar gael. Y gwirionedd yw hyn, ac mae'n ffaith syml – pan oedd Giggs yn chwarae i Gymru, doedd y chwaraewyr o'i gwmpas ddim cystal ag o, ddim o bosib yn darllen y gêm yn yr un ffordd; doedden nhw ddim yn gwneud yr un symudiadau, a doedd dull Cymru o chwarae pêl-droed ddim yr un peth â Manchester United, o bell ffordd.

Dull cyffrous, ymosodol, gwfreiddiol sydd gan Manchester United. Ond ar hyd y blynyddoedd tra oedd Ryan Giggs yn chwarae dros Gymru, p'un a'i o dan arweiniad Yorath, Gould, Hughes neu Toshack, bu'r pwyslais ar drefn yn y cefn, a pheidio ildio goliau. Pe bai o wedi chwarae gêmau cyfeillgar yna mae'n debyg y byddai wedi torri record Neville Southal o 92 o gapiau, ond pan fyddai Cymru'n chwarae gêmau cyfeillgar, doedd Giggs ddim yno. Anafiadau oedd y rheswm ar adegau, ond y prif reswm, mae'n siŵr, oedd nad oedd Syr Alex Furguson am iddo chwarae. Cafodd y ddadl yna, serch hynny, ei throi ar ei phen o dan reolaeth John Toshack.

Dw i'n cofio un gêm yn stadiwm Heysel ym Mrwsel, un o'r gêmau cyntaf wedi i'r stadiwm gael ei hailagor yn 1997, a Chymru ar ei hôl hi 3-0 ar yr egwyl. Bobby Gould oedd yn rheoli Cymru bryd hynny – yn ŵr hoffus, dymunol, rwysut neu'i gilydd fe'i cafodd ei hun yn rheolwr ar y tîm cenedlaethol, a dyna i chi gyfnod diddorol oedd hwnnw! Cymru byth a beunydd yn y newyddion, gan amlaf wedi derbyn cweir; 7-1 yn erbyn yr Iseldiroedd, 6-4 yn Istanbwl yn erbyn Twrci, a 4-0 yn Tiwnisia. Dyma'r cyfnod pan enillodd Ryan Green ei gap cyntaf yn erbyn Ynys Melia, felly'n torri record Giggs am fod y chwaraewr ieuengaf erioed i chwarae dros Gymru. O leia roedd yr R a G yr un peth!

Yn ôl at y gêm ym Mrwsel: Cymru ar ei hôl hi 3-0. Yn yr ail hanner fe gafwyd, o bosib, y perfformiad gorau gan Giggs yn y crys coch. Fe boenydiodd o amddiffyn y gwrthwynebwyr am dri chwarater awr, a Chymru'n taro'n ôl er yn colli 3-2 yn y diwedd.

Mae'n bosib mai yn y ddwy flynedd a hanner o dan reolaeth John Toshack y gwelwyd Ryan Giggs ar ei orau dros Gymru, ac nid yn unig o ran ei berfformiadau ar y cae. Mae o'n hysbys nad oedd chwaraewyr Cymru'n hapus gyda'r feirniadaeth gawson nhw gan John Toshack pan oedd Mark Hughes yn rheolwr. Yn wir, dyna un o'r rhesymau i gymaint ohonyn nhw roi'r gorau iddi ar lefel ryngwladol wedi i Mark adael am Blackburn. Mae Giggs yn sôn yn ei hunangofiant fod y chwaraewyr yn dod i mewn i'r ystafell newid ar ôl gêmau ac yn gwylltio'n gacwn wrth wrando ar Toshack yn beirniadu ar y teledu – roedd ganddyn nhw sgrin yn yr ystafell newid yn Stadiwm y Mileniwm. Mae hynny'n egluro llawer. Gan y BBC roedd y cytundeb ar y pryd, a'r arfer oedd bod y rheolwr yn dod allan o'r ystafell newid ryw ddeng munud, chwarter awr ar ôl y chwiban olaf i roi ei sylwadau o flaen y genedl. Doedd yr un ohonom yn gallu deall sut roedd Mark Hughes a'i chwaraewyr yn gwybod beth oedd wedi cael ei ddweud amdanyn nhw yn syth ar ôl y chwiban olaf. Mi rydan ni'n gwybod rŵan.

Ond dal ei dafod wnaeth Giggs pan gafodd Toshack ei benodi'n rheolwr, a chyn bo hir fe gafodd Giggs ei benodi'n gapten. Mae Toshack, wrth gwrs, wedi rhoi ei ffydd yn y talentau ifanc – Bale, Nyatanga, Ledley, Cotterill, ac yn y blaen. Roedd angen hen ben arno i fod yn gysylltwr rhyngddo â'r bechgyn ifanc – rhywun roedd y to ifanc yn ei barchu. A Giggs oedd y dewis perffaith. Mi oedd o, tan yr eiliad olaf gyda Chymru, yn swil ac yn ddiymhongar, ond roedd dylanwad ei bresenoldeb yn aruthrol. O flaen y wasg mi fyddai'n cynnal cyfweliad yn bwyllog, yn feddylgar ac yn aeddfed. Ac er cymaint roedd o wedi ei ennill gyda Manchester United, dw i'n credu iddo gael llawn cymaint o bleser yn y rôl o fod yn gapten ar Gymru. Mewn gêm gyfeillgar oddi cartref yn Windsor Park, Belfast, yn erbyn Gogledd Iwerddon yn 2007, doedd dim gobaith bod Giggs am fod yn holliach i chwarae. Ond fe deithiodd yno yn ei rôl fel capten, a hyd yn oed mynd i wylio'r tîm dan un ar hugain yn ennill o 4-0.

Ac er bod rhai wedi amau ei ymroddiad dros y blynyddoedd, roedd y deyrnged iddo a'r ymateb gan y cefnogwyr yn ei gêm olaf dros ei wlad yn erbyn y Weriniaeth Tsiec ym Mehefin 2007, yn dweud y cyfan – pawb ar eu traed yn cymeradwyo ac yn sylweddoli eu bod yn ffarwelio ag un o'r gwir sêr i wisgo'r crys coch dros Gymru. Ac o'i ymateb, roedd hi'n ymddangos fod Giggs ei hun yn gwerthfawrogi hynny.

Er bod Ryan Giggs yn enw cyfarwydd drwy'r byd i gyd – wel o leiaf yn y cylchoedd pêl-droed – mae pobl weithiau'n cael ei enw'n anghywir. Dw i'n cofio'r noson honno pan enillodd o'r wobr *Personoliaeth y Flwyddyn* gan BBC Cymru, a'r anfarwol John Charles yn cyflwyno'r wobr – ac ef, o bawb, yn ei alw'n Bryan! Wedyn dyna i chi'r gŵr yn Llysgenhadaeth Prydain yn Qatar, pan oedd Cymru'n chwarae gêm gyfeillgar yno, yn gofyn i mi, *'Where's Brian Gibbs?' He's not here'*, medde fi, *'and by the way, his name is Ryan Giggs.' 'Who are you, then?'* gofynnodd wedyn. *'Well I'm not Giggs!'* meddwn innau, wedi cael llond bol, cyn cerdded i ffwrdd. Ac un enghraifft arall – y Daily Mirror yn sôn am sut y cafodd Ryan ei enw. *'He was named'*, meddai'r papur, *'after a famous Welsh comedian, Ronnie Ryan!'* Wel, eithriadau prin yw'r rheina!

Fe ddechreuon ni'r gyfrol hon gydag un o sêr mwyaf y gêm, chwaraewr a dyfodd yn chwedl, a'i enw'n rhan o hanes y gêm bêl-droed dros y byd i gyd. Mae'n briodol ein bod yn cau'r llyfr gyda chwaraewr arall o Gymro sydd wedi datblygu'n chwedl yn ei ddydd. Mae'n sicr y bydd enw Ryan Giggs, fel John Charles, yn amlwg iawn yn llyfrau hanes y gêm, a'r sôn amdano'n parhau am genedlaethau.